仁

REN

学百家讲坛

UE BAI JIA JIANG TAN

宋一夫／主编

【儒学分卷】

现代教育出版社

Modern Education Press

图书在版编目（CIP）数据

国学百家讲坛．仁／宋一夫主编．— 北京：现代
教育出版社，2012.6（2018.6 重印）
ISBN 978-7-5106-1204-6

Ⅰ．①国… Ⅱ．①宋… Ⅲ．①中华文化—青年读物②
中华文化—少年读物 Ⅳ．① K203-49

中国版本图书馆 CIP 数据核字 (2012) 第 109242 号

书　名　**国学百家讲坛·仁**

出 品 人　陈　琦
主　　编　宋一夫
责任编辑　张祎琳　　聂金星
封面设计　吴谦聆
出版发行　现代教育出版社
地　　址　北京市朝阳区安华里 504 号 E 座　　邮　编　100011
电　　话　010-64244736（编辑部）　　010-64256130（发行部）
印　　刷　三河市众誉天成印务有限公司
开　　本　710mm×1000mm　1/16
印　　张　12　　　　　　　字　数　120 千字
版　　次　2012 年 11 月第 1 版　印　次　2018 年 6 月第 5 次印刷
书　　号　ISBN 978-7-5106-1204-6
定　　价　39.00 元

目录

国学漫谈

宋一夫

　　国学，作为国家学术之名，是近代"西学"进入我国之后，民国初年一些学者针对"西学"提出来的。最初与"国故"并用。

　　国学之说自从被提出起，它的学术体系、结构至今尚无定论。

　　作为一国之学术，或者说是国家之学术，国学在每个国家都有，且是客观存在的。作为中国国学，它的系统与结构尚不清楚，则难以说清楚它的功能与作用。

　　所以，如何界定国学的系统及其结构，是当今十分迫切需要解决的问题。

一、国学的诸种说法

　　"国学"一词，最早见于《周礼·春官宗伯·乐师》："乐师掌国学之政，以教国子小舞。"《礼记·学记》："古之教者，家有塾，党有庠，术有序，国有学。"《汉书·儒林传》说："殷曰庠，周曰序。"殷代的地方学校称庠，周的地方学校称序。由此可见，国学在周代是国家一级的学校。

　　而近代意义上的国学，最早提出来的人，是梁启超。

　　梁启超（1873～1929年），字卓如，号任公，别号饮冰室主人。广东新会人。1902年秋，梁启超曾设想办一份《国学报》。他给黄遵宪写信商量此事。之后他在《论中国学术思想变化之大势》一文中，多次使用"国学"一词。"近顷悲观者流，见新学小生吐弃国学，惧国学之从此而消灭。吾不此之惧也。但使外学之输入者果昌，则其间接之影响，必使吾国学别添活气，吾敢断言也。但今日欲使外学之真精神普及于祖国，则当转输之任者，必邃于国学，然后能收其效。"（梁启超《论中国学术思想变化之大势》，上海古籍出版社2001年版，第135~136页）1903年2月，梁启超又在《新民丛报》上刊登《游学生与国学》一文，呼吁在会馆内设立"国学图书馆"。

梁启超认为："研究国学有两条应该走的大路：一、文献的学问。应该用客观的科学方法去研究。二、德性的学问。应该用内省的和躬行的方法去研究。第一条路，便是近人所讲的'整理国故'这部分事业。这部分事业最浩博最繁难而且最有趣的，便是历史。我们是有五千年文化的民族，我们一家里弟兄姐妹们，便占了全人类四分之一，我们的祖宗世世代代在'宇宙进化线'上头不断地做他们的工作，我们替全人类积下一大份遗产，从五千年前的老祖宗手里一直传到今日没有失掉。我们许多文化产品，都用我们极优美的文字记录下来。虽然记录方法不很整齐，虽然所记录的随时散失了不少，但即以现存的正史、别史、杂史、编年、纪事本末、法典、政书、方志、谱牒，以至各种笔记、金石刻文等类……以上关于文献学，讲完，两条路已言其一。

"此外则为德性学。此学应用内省及躬行的方法来研究，与文献学之应以客观的科学方法研究者绝不同。这可以说是国学里头最重要的一部分，人人应当领会的。必走通了这一条路，乃能走上那一条路。"（梁启超《治国学的两条大路》）

梁启超把世界文化分为三大步：第一步是"以西化儒"、"以西化中"；第二步是"儒西并尊"、"中西并尊"；第三步是"以儒化西"、"以中化西"。

梁启超虽然没有直接说国学是什么，但指出了研究者应从两个方面去研究国学，实际上也说出了国学的两大系统，或两大结构，即文献学、德性学。梁说也有一定的问题：一、中国古代文献浩如烟海，文献说言记事，林林总总，五花八门，其中既有学术，又有非学术，既有精华，又有糟粕。所以梁氏只给了一个范围，还不能提出国学的准确的系统与结构。二、"德性学"要通过内省及躬行去研究。内省躬行包括内化与外化，但依据哪些德性去内化与外化，梁氏又没给出。所以，它们也难以成为国学的系统与结构。梁氏之说最有价值的是他提出的世界文化的三大步，其实也是讲中国国学要经历的三个过程。这三步较为有远见，也较符合现今世界文化发展的现实。

邓实（1877～1951年），字秋枚，出生上海，广东顺德人。为国粹派主要创始人。1904年3月，邓实在《政艺通报》上发表《国学保存论》。1905年初，他在上海成立国学保存会，提出"研究国学，保存国粹"为学会的宗旨。1906年，他撰文说："国学者何？一国所有之学也。有地而人生其上，因此成国焉，有其国者有其学。学也者，学其一国之学以为国用，而自治其一国也。"（邓实《国学讲习记》，《国粹学报》第19期）

邓说强调了国家学说，可仍然存在划界不清的问题。国家学说的范围太广泛了。一、这里没讲学说之中的主次关系，以什么为主，以什么为次。二、国家学说包罗万象，如什么都包括，就会什么都没包括。在国家之中的诸多学说之一，有好坏、先进落后之说存在其中，好的可以，先进的可以是国学，坏的、落后的也是国学吗？当然，任何学说的好坏、先进与落后都有一个评价的特定时空和特定标准，但有些学说从它一产生一直到现在都是价值较小的、不必去学或不必流传的学说。

章太炎（1869～1936年），名炳麟，别号太炎。浙江余杭人。章太炎在其《国学概论》中称："国学之本体是，一、经史非神话。二、经典诸子非宗教。三、历史非小说传奇。"章太炎提出治国学的方法：一、辨书籍的真伪。二、通小学。三、明地理。四、知古今人情的变迁。五、辨文学应用。

章太炎说的"经史"，是指"五经"之中记载的历史。他说的"经典诸子"，是指先秦诸子之书，即诸子研究学术的书籍。他说的"历史"，是指二十四史及一些杂史、方志、学术笔记等。

章太炎采取"是什么"、"非什么"的办法来建构他所认可的国学系统和结构。章说有一定的缺陷。一是"经史"、"经典诸子"、"历史"的概念不是很明确，他本人在文中又交待得不够。它的系统、结构并不是很清晰。二是"非神话"、"非宗教"、"非小说传奇"的"三非"，其中就没有国学的内容，国之学术，恐怕也不能一语论之。这三者只能说学术的内容少，或十分少而已。

王国维（1877～1927年），字静安，号观堂，浙江海宁人。晚清秀才，早年研究哲学、文学。他认为国学作为一种学问，是无新旧之争、有用之学无用之学之争。"余正告天下曰：学无新旧也，无中西也，无有用无用也。"（《国学杂志》序言）"何以言学无中西也？世界学问，不出科学、史学、文学。故中国之学，西国类皆有之；西国之学，我国亦类皆有之。所异者，广狭、疏密耳。"（同上）

王说阐释国学，并不是从国学的定义或国学的体系结构出发，而是以国学作为一种国家的学问为角度。国学，哪个国家都有，无中西、新旧、有用、无用之分，只有广狭疏密的不同来论述之。王说强调了国学之间的同，而忽视了异，即国学应是一国固有的学问。同时，他也忽视国学的功能。一个国家、一个国家的民族、一个国家的人，都有它一定的独特之质，这个特质往往是由它的国学作用后形成的。

胡适（1891～1962年），安徽绩溪人。1919年末，胡适发表《新思潮的意义》一文，提出整理国学的四个步骤：第一步，"条理系统地整理"。第二步，"寻出每种学术思想怎样发生，发生之后有什么影响效果"。第三步，"要用科学的方法，作精确的考证，把古人的意义弄得明白清楚"。第四步，"综合前三步研究，各家都还他一个本来面目，各家都还他一个真价值。"

胡适对国学是这样定义："中国的一切过去的文化历史，都是我们的国故。'国故'：研究这一切过去的历史文化的学问，就是国故学，省称'国学'。'国故'这个名词，最为妥当，因为他是一个中立的名词，不含褒贬的意义。'国故'包含'国粹'，但他又包含'国渣'。我们若不了解'国渣'，如何懂得'国粹'？"（胡适《国学季刊发刊宣言》，《胡适文存》二集，黄山书社1996年版，第6页）

胡适的"国故"、"国学"的提法，与历史学已没有差别了。"研究这一切过去的历史文化的学问"就是国学，那么，国学就等于历史了。

柳诒徵（1880～1956年），字翼谋。江苏镇江人。中国历史学家，古文献学家。

柳诒徵认为，凡源承华夏文化之中国学问，无论古今，皆为国学："予对国学之界说，必非佛学及洋学……须从古先圣贤，未受佛学洋学之熏染时讲清，而又包括后来之汉学、宋学，以及今世所讲政治、经济、财政、社会、教育等，始可言国学。"（《国学之界说》）柳诒徵并主张，"讲国学宜先讲史学"。

柳说主要强调了两点，一是学问必须源于中国，这是强调"固有"及"一国之所有"，二是强调了学问之流传演变。柳氏之说讲了确定国学的两大标准，这一点应该说是很正确的。但是，标准不是国学内在的系统与结构。所以，仍未解决国学是什么，国学的内在系统与结构是什么的问题。

吕思勉（1884～1957年），字诚之，江苏武进人。历史学家。"国学者，吾国已往之一种学问。包括中国学术之性质与变迁，而并非为与外国绝对不同之学问也。吾国汉代古谚曰：'少所见，多所怪，见橐驼言马肿背。'吾国旧时视外人来华者，不知其学。较进，则知可学其一二端。更进，则知其自有其学术，而与吾国为截然不同。然由今之所见，则知中国之与外国，实为大同小异者也。"

吕说所言与柳说接近，关于异同又来自王说。然吕说所存在的问题，也与柳、王一样。

《史地学报》阐释国学："国学之为名，本难确定其义。在世界地位言之，即中国学。分析而言，则中国原有学术，本可分隶各种学科。以学科分，应分为哲学、史学、宗教学、文学、礼俗学、考据学、伦理学、版本学。"

《史地学报》说，强调了中国与世界之分，强调了中国原有学术，同时又勾勒出一个国学学科结构，应该说同其上诸说相比，更接近一个较为完整的界定。此说存有的问题在于，它讲出了国学的内在结构，而至于这一结构是否合理，其内在关系如何，却没有论及，故阐述仍过于宽泛。国学并不是一种专门的学问，而是中国原有各学科学术的总合。如此说来，国学更无从界定、无从师承了。

钱穆（1895～1990年），江苏无锡人。曾就"国学"一词发问："学术本无国界。'国学'一名，前既无承，将来亦恐不立。特为一时代名词。"（《国学概论》弁言）

钱氏可能看到以上诸说存在的弊端，从而否定了国学的独立和将会长久存在的客观性。不过，钱氏从国学之前无名而否定国学的客观存在，这恐怕也是没人会同意的。

综上所述，从民国国学概念被提出以后，国学是一个什么样的学说体系，能否可以以一个独立的学科存在，一直众说纷纭，莫衷一是。本世纪初，国学在中国热起来之后，这一问题也一直没有得到很好的回答。

二、什么是国学？

（一）国学的概念

国学：《辞海》解释为"中国学术的简称。相对于西学而言"。《辞海》的界定，是一个广义的国学概念。"中国学术"的内涵与外延太广泛了。国学，如果仅仅是中国学术的简称，针对于西学而存在，那么真的没有再提国学的必要了。我们就提中国学术就可以了，何必说国学呢？

我认为，国学，作为人们经常提到的概念，还应该给它一个特定的内涵和外延。

从内涵来说，是指在国家的众多学术之中，那些最主要的学术，这些学术又可以被学习，而且必须去学习，并可以被承传，是国学的特有属性，也是国学的内涵。

从外延来说，凡是中国固有的各科学术，这种学术对社会是有进步作用，并值得学习和承传的，都是国学所涉及的对象，这些对象，便是国学的外延。

（二）国学学说的体系

作为一个学说，国学还应有一个实实在在的体系结构，可为人们看到、摸到。国学的体系结构，是由国家原来固有的学术在国家

之中的地位和作用确定的。

第一，国学的主体结构

主体结构，它是代表国家的学术，在国家各种学术之中，占有主要位置。它又是代表全民的学术，国内的人们是靠这种学术而形成独特的文化。

第二，国学的次主体结构

次主体结构，是从它在国学中的地位划分的。国学作为国家性、全民性，除了中心的核心的结构，还有一些国家学术，也具备国家性和全民性，但其地位远不如主体结构那么主要、重要，虽然在全民之中还有影响，但不如主体结构影响那么广，是处在次一等的地位。

国学的主体结构和次主体结构，是由国学的内涵决定的。国学内涵是国学的核心部分和核心外围部分。国学核心部分是主体结构，国学核心外围部分是次主体结构。

第三，国学的非主体结构

国学的非主体结构，是国学体系中边缘化、辅助化结构。它仍是国学的一部分，但不是主要部分，而是次要部分。从它在国家中和民众中的地位和作用上看，它并不能代表国家文化的主体，并不被国家的全体人们所接受和了解，形成广泛的、大众的文化。

国学的非主体结构是由国学的外延决定的。

正是由于国学有主体、次主体与非主体结构，才使国学有主、有次、有结构、有系统。

（三）国学的定义

国学是中华民族在五千年历史发展中形成的中国学术文化；是以历代思想家、哲人为主体的先人们对中华民族文化的提炼与总结。国学又是中华民族大家庭中每个人的性格、素质的集中体现；是中国文化兴国和世界先进文化形成的重要组成部分。

（四）国学定义的解读

第一，国学是中华民族在五千年历史发展中形成的中国学术文化。

这句话是从时间、空间、性质三个方面讲述什么是国学。

从时间上讲，国学有五千年的发展时间。

从空间上讲，国学是中国各民族在不同的地域而产生的共同的国家学术文化。

从性质上讲，国学是中国古代的学术文化。

第二，国学是以历代思想家、哲人为主体的先人们对中华民族文化的提炼与总结。

这句话是从国学传承的载体及国学与文化的差异上着眼讲的。

从传承的载体上看，是指国学存在于几千年中一些大思想家、哲人的著作当中。从国学与文化的差异上讲，国学是学术，这种学术来自于大众文化之中，是对大众文化的提炼与总结，又教化于大众文化，使之广泛推广。

第三，国学是中华民族大家庭中每个人的性格、素养的集中体现。

这句话是从功能上讲国学是什么。

国学的功能主要在于教化国人。国人是通过学习国学知识，通过内省与外化，从而达到对自己性格及素质的形成与提高，是具体的学说内容转化为人们的精神心理，成为中国人精神内质的主要构成部分。

为什么是集中体现？这是指通过学习共同的国学，从而形成中华民族的共同特质与人文素养。

第四，国学是文化兴国和世界先进文化形成的重要组成部分。

这句话是从国学对中华民族的复兴及对世界文化的贡献上讲国学是什么。

中华民族正在经历一个伟大的复兴时代，但随着这种快速复兴的发展，也给社会带来诸多不可回避的问题。这些问题有的是社会制度层面上的，也有的是文化道德层面上的，解决这些问题，很多都能在国学的智慧中找到方法、途径及答案。

现今中国所碰到的问题，也是世界所面临的问题，因而，中国国学之中所承载的政治、经济、文化的智慧，也将对破解这些世界性的难题，起到十分重要的作用。

三、国学与中国传统文化的关系

传：驿站，驿舍。《说文》："遽也。"《段注》："如今之驿马。"朱骏声《通训定声》："以车曰传，以马曰遽。"《释名·释宫室》："传，传也，人所止息而去，后人复来，转转相传，无常主也。""传"又指"传授"，"相传"，"延续"。《论语·子张》："君子之道，孰先传焉？"《论语·学而》："传不习乎？"

统：《说文》："纪也。""纪"，指丝的头绪。《淮南子·泰族训》："茧之性为丝，然非得工女煮，以热汤而抽其统纪，则不能成丝。"

"传统文化"一词是一个偏正短语。传统是限定文化的，中心词是文化。传统文化，即是在历史上流传下来并曾经占据统治或统领地位的文化。中国传统文化应该包括哪些，至今没有定论，多数学者认为是儒、道两家，也有提出儒、道、法三家，还有提儒、道、释三家，有的则更多，把墨家、兵家、农家、医家等等，都认为是中国传统文化。

笔者认为，按照本文第一部分对"传统文化"的理解，"传统文化"既是一个时间上的概念，又是一个空间上的概念。从时间概念上看，只要文化在历史上成为系统的流传，都是传统文化的组成部分。同时，随着历史的推移，组成不同时间上的文化形态，如文化在中国历史朝代中均要发生一些变化，这就使历史上的文化出现相同的、不同的表现形式，相同的、不同的表现内容，体现出不同历史时期的文化，从而形成了传统文化的纵向发展的文化结构。这个结构具体地表现了传统文化的发展历程及其各个阶段的形式和内容。

"中国传统文化"或"中华民族传统文化的组成部分"又是一个空间的概念。凡是中国地域内产生并流传的文化都应该是中国传统文化的组成部分。不同的地域有着不同的传统文化。如同是儒家文化，由于知识分子的群体不同，知识分子对传统儒学的理解和对社会的认识不同，决定了不同地域儒学各自的发展特点。又加之不同地域的文化背景的不一，这都导致了不同地域文化的差异。这就决定了传统文化在不同的历史时期又有着一个空间的文化结构。

传统文化除了具有不同的时间结构和不同的空间结构外，还有一个种族结构存在于二者之中，但又必须从文化的结构中把它提炼出来。我们通常所说的传统文化，一般都讲的是以汉族为主体，创造、接受或传播的儒、道、释、法等，而将少数民族的文化丢掉了。

如果我们将中国传统文化解释为一种结构，那么，就应该区分、辨别中国传统文化的核心部分和非核心的组织部分。其核心部分，应该是在中国社会发展过程中长期占据主导地位的儒家文化。

其次是道家文化。再次是兵、法、释、墨、农、医、名、杂等各家文化。

传统文化与国学是一个什么关系呢？

传统文化与国学，二者同是中国文化。传统文化是国学在社会实践中的内省与外化。

我认为传统文化与国学有相同又有不同。

　　从相同方面来看，两者都是中国历史上承传下来的文化。从不同方面来看，传统文化是文化，而国学是学术。文化和学术是有差别的。

　　"文"字最初为彩色交错的图形，《说文》："错画也。象交文。"后发展为文字、书、美、德、善等含义。"化"，《说文》："教行也。"《段注》："教行于上则化成于下。"徐灏《段注笺》："教化者，移风易俗之义。""化"就是将"文"通过自化、教化、强化等途径进行发展传播。

　　学术一词，见于南朝梁何逊诗："小子无学术，丁宁困负薪。"《旧唐书·杜暹传》："素无学术，每当朝谈议，涉于浅近。"学术，专指有专门系统的学问。

　　文化，是学术产生的基础，学术又是文化进一步发展传播的基础。所以，传统文化，是国家在历史上形成的、发展的文化。国学，是国家在历史上形成的、发展的学术。学术通过文化而传播，文化又是学术存在与发展的基础。

四、国学与中国人的人文素养

　　人文，指人的各种文化现象。素养，经常修习涵养，也指平时的修养。人文素养，就是指人的文化素养。

　　在十九世纪上半叶中国的国土大门没有被西方列强打开之前，中国的文化主要是中国的传统文化，国学是传统文化的核心部分。

　　中国人文化素养的形成，主要来自于两个方面，一方面是对传统经典典籍的学习。另一方面是从传统文化典籍中把其精华抽取出来，形成一些品德文化的概念，人们通过对概念的学习掌握，直接形成人的文化素养。

（一）文化典籍

从文化典籍的学习上，主要有梁启超和胡适二人开过国学书目，对人们影响较大。

胡适开的书目总共186种，包括：

1.工具书：14种

2.思想史：96种

3.文学史：76种

梁启超开的书目总共140种，包括：

1.修养应用及思想史：40种

2.政治史及其他文献学：27种

3.韵文：38种

4.小学书及文法：7种

5.随意涉览书：28种

文化典籍，现今多指古籍。现有多少种，却很难说得清楚。概而言之，约十五万种左右。可见，胡、梁二人所开的书目，还算手下留情。在浩如烟海的文化典籍之中，去汲取前人的文化素养，真并非容易之事。

（二）品德文化

1.孔子的品德文化

品德，是指人的品质道德。品质与道德二者，在内涵上既有相同，又有区别。品质，是人的行为举止所表现出的思想、认识、品性等本质。在中国古代，品质一般是指品格，一是说事物本性，二是说本性的高下。如唐代韩愈说："至河阳，与二三客论画品格。"（《昌黎集·画记》）唐代李中的《庭筠》诗："品格清于竹，诗家景最幽。"

道德，是指人们共同生活及其行为的准则和规范。在中国古代，它不仅仅是评价自己与别人，乃至成为社会行为规范和自我完善的价值评判的标准。更为重要的是，强调"道"与"德"的

关系，如孔子讲："志于道，据于德。"（《论语·述而》）老子讲："道生之，德畜（蓄）之。"（《老子》第五十一章）

所以，品德文化既是文化典籍中的思想学术文化的记载，又是这些思想学术文化在人心的内省与在社会上的教化与风化。

孔子的思想并不是孔子独自创造的，孔子的思想主要继承了夏、商、周三朝的思想文化，尤其是继承了西周的思想文化。所以，孔子十分推崇周礼，希望用周礼来规范现实社会。

王国维把孔子的品德主张提炼出来，列了一张表：

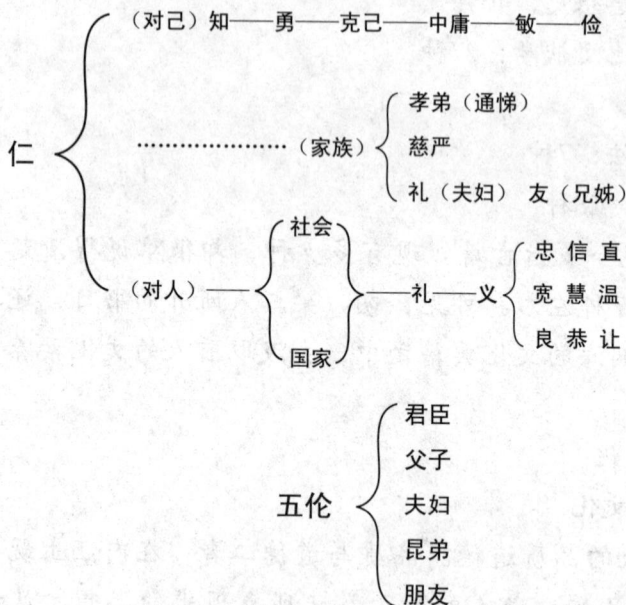

```
                    （对己）知——勇——克己——中庸——敏——俭

                                        ┌ 孝弟（通悌）
    仁 ┤ ············（家族）┤ 慈严
                                        └ 礼（夫妇）友（兄姊）

                                                              ┌ 忠 信 直
                          ┌ 社会                              │
         （对人）————┤          ——礼——义 ┤ 宽 慧 温
                          └ 国家                              │
                                                              └ 良 恭 让

                        ┌ 君臣
                        │ 父子
            五伦 ┤ 夫妇
                        │ 昆弟
                        └ 朋友
```

表中：知、勇、克己、中庸、敏、俭，皆对己之德。对人之德分为两端：一为家族，一为社会及国家。

我们认为，孔子的品德文化主张，不止这些，但大部分王国维先生已经总结出来了。

2.管子的品德文化

管子的品德文化主要是管子的"四维"说。

《管子》在开篇的《牧民》中有如下文字：

人们储藏粮食的仓库充实了，就知道礼仪，穿的吃的丰足了，就会知道荣辱。四维都得到发展了，国君的命令就会通行。管理国家的原则，在于不断地整治"四维"。四维如得不到光大，国家就会灭亡。

什么是"四维"呢？

他说：国有四维，缺了一维，国家就倾斜；缺了两维，国家就危险；缺了三维，国家就颠覆；缺了四维，国家就会灭亡。倾斜可以扶正，危险可以挽救，倾覆可以再起，可是国家灭亡了，就没有任何可以挽救的办法了。那么什么是四维呢？一是礼，二是义，三是廉，四是耻。有礼，人们就不会超越应守的制度规范；有义，人们就不会妄自求进；有廉，人们就不会掩饰过错；有耻，人们就不会趋从坏人。所以，人们不超越制度规定，在上为官的人地位就安定；不妄自求进，人们就不巧谋欺诈；不掩饰过错，行为就自然端正；不趋从坏人，邪乱的事情就不会发生。

3.董仲舒的品德文化

（1）三纲

董仲舒在《春秋繁露》中提出"三纲"概念，而《礼纬·含文嘉》明确把"三纲"定义为："君为臣纲、父为子纲、夫为妻纲。"

三纲是董仲舒的人伦关系。在董仲舒看来，君臣、父子、夫妻的关系是主从关系，是天定的，是永远不可改变的。纲为主，目为从，君、父、夫为主，臣、子、妻为从。只有纲举，目才能张。

（2）五常

五常：董仲舒认为，仁、义、礼、智、信是处理君臣、父子、夫妻、上下尊卑关系的基本法则，治理国家的基本法则。

4.张载的品德文化

张载提出君子应做到"四为",即:

① 为天地立心。在张载看来,天地有情、有意、有心,故天地能生化万物。

② 为生民立命。一个好的社会秩序,就是让民众安身立命之前提,这是对统治者应给予老百姓一个好的社会的企盼!

③ 为往圣继绝学。即要继承先秦儒家的学脉,让国学不断绝。

④ 为万世开太平。反映了张载开万世太平的宏愿。如何能开太平,张载提出不仅要治学、治政,还要治人。

5.朱熹的品德文化

朱熹认为五常不能一概而论,应以仁为先,以仁为本。"仁者仁之本体。礼者仁之节文。义者仁之断制。知者仁之分别。信以见仁义礼智,实有此理。必是有仁,然后有义礼智信。故以先后言之,则仁为先。以大小言之,则仁为大。"(朱熹《仁说》)

朱熹在"五常"的基础上,提出"存天理,灭人欲"的主张。"有个天理,便有个人欲。盖缘这天理须有安顿处,才安顿得不恰好,便有人欲出来。"天理和人欲的区别,他举了个例子,"饮食,天理也。要求美味,人欲也。"他认为天理存在于宇宙万物之间,无始无终,又片刻不肯停息。"宇宙之间一理而已。天得之而为天,地得之而为地,而凡生于天地之间者,又各得之以为性;其张之为三纲,其纪之为五常,盖皆此理之流行,无所适而不在。若其消息盈虚,循环不已,则自未始有物之前,以至人消物尽之后,终则复始,始复有终,又未尝有顷刻之或停也。"(《朱文公文集》卷十七《续大纪》)

6.季羡林的品德文化

中国传统道德有哪些内容呢?这个问题很复杂,每个人的回答都可能不一样。我讲讲自己的看法,我想这里面起码应包括这么几部分内容。

第一，正如我的老师——清华大学陈寅恪教授曾经说过的《白虎通义》当中的三纲六纪是中国文化的精华。什么叫三纲呢？就是君臣、父子、夫妇。……六纪，一是诸父，就是父亲的兄弟；二是兄弟；三是族人；四是诸舅，就是母亲家的人；五是师长；六是朋友。他说，这三纲六纪是中国文化的中心，我看他的话很有道理。因为人类自有社会以来，必然要有一种规则来维系，不然的话社会就会乱七八糟……

第二，我们的文化还有一个提法，是我们的特点，就是"格、致、正、诚、修、齐、治、平"。意思就是格物、致知、正心、诚意、修身、齐家、治国、平天下八个步骤。先从自己开始格物，就是了解事物，了解以后致知，把规律找出来，正心、诚意就不用讲了，修身就是修自己，然后齐家，把家治好，然后再治国，治国以后是平天下。就是从个人内心一直到天下……

第三，"礼义廉耻，国之四维"。就是说，礼义廉耻是国家的四个支柱。除了这个提法外，古人还提出了"孝悌忠信，礼义廉耻"等说法，意思都差不多。

上述三个方面是古代伦理道德最主要的内容。懂得了这三个方面的内容，大体就了解了中国伦理道德最基本的内容。（《季羡林自选集·谈国学》，华艺出版社2008年版）

五、国学在国人教育中的地位与作用

从近代以来，中国国学曾有两次在社会上"热"，一次是在民国前后。那次"热"的原因，是几千年的中国文化，遭到西方文化的冲击，国学热不仅是文化处在危亡，整个国家、民族都处在危亡之中，所以，以救亡图存为目的，开始了"整理国故"的国学热。

一次就是当下。当下"热"的原因与民国前后恰恰相反，这次是在中华民族大复兴的背景下热起来的。也就是在中国文化走向复兴和发展的前提下热起来的。

随着国学热，国学开始走进学校，中小学国学教育也在全国各地开始。

早在民国时，章太炎先生就呼吁重视国学对中小学教育的重要性。

章太炎在1910年撰文《教育的根本要从自国自心发出来》，强调"自国自心"的重要性。他说："本国没有学说，自己没有心得，那种国，那种人，教育的方法，只得跟别人走。本国一向有学说，自己本来有心得，教育路线自然不同……但听了别国人说，本国的学说坏，依着他说坏，固然是错；但听了别国人说，本国的学说好，依着他说好，仍旧是错。为甚么缘故呢？别国人到底不明白我国的学问，就有几分涉猎，都是皮毛，凭他说好说坏，都不能当做定论。"（张勇编《章太炎学术文化随笔》，第271～276页）

"大凡讲学问施教育的，不可像卖古玩一样，一时许多客人来看，就贵到非常的贵；一时没有客人来看，就贱到半文不值。自国的人，该讲自国的学问，施自国的教育。像水火柴米一个样儿，贵也是要用，贱也是要用，只问要用，不问外人贵贱的品评。"（张勇编《章太炎学术文化随笔》，第285～286页）

那么，今天我们怎么看中小学国学教育？

我想，这要从人本善、恶说起。孟子主善，荀子主恶。孰是孰非，千百年来争论不休。我认为人本善也本恶。这里关键在于怎样理解善、恶。善与恶是中国传统道德评价人的一个标准，人们把符合仁义礼智信忠孝廉耻的视为善，反之认为是恶。

过去我认为，人生来无善无恶，善恶均是后天形成的。现在我对这种想法有了修正。

其实人从猿进化而来，人便成为社会之人。成为社会人之后，人的本性就由人的生物本性与人的社会性两者组成。一个人到了娶妻生子之时，人的社会性已在该人的人性之中根深蒂固了。人的社会性不仅在人的心理，即人的大脑中存在，也在人的身体机能中、功能中存在。人可以通过人的身体基因密码遗传将人的心理与生理传给下一代。我这种说法恐怕违背常理，但我认为值得现今的遗传学家、社会学家、心理学家去探讨。

如果这种说法成立的话，人生下来之时，人就带有一定先天的社会性了。这种社会性应该包括真、善、美，也应有假、恶、丑。但这种带有只是本原的、原始的，并不显著，处在社会性的最初阶段。

从一个婴儿到成为一名中小学生，这是人生的蒙昧时期，中国古代的蒙学就是针对这一人生阶段，对人进行教育的。

中国古代的蒙学核心，也是它一个最大的特点：一是固本清源，二是开启人智。

所谓固本就是培固人的真、善、美之本；所谓清源就是从人开始的源头就把人们假恶丑的东西清理掉。

中国古代"真"的观念，一般指人的天性、本性。

孔子讲不讲真呢？孔子是把"忠"、"信"、"诚"这三个观念，纳入到"真"的道德范畴。孔子认为自己教育弟子的内容是文行忠信。"子以四教，文、行、忠、信。"他认为，忠信应该是人们普遍具有的品格，所以他说："十室之邑，必有忠信如丘者焉。不如丘之好学也。"（《论语·公冶长》）

中国古代"善"的观念，在儒家学说中占据核心地位。孔子提出的"善"，有好的意思，还不是我们今天所理解的善。如《论语·八佾》："子谓《韶》，尽美矣，又尽善也。"这里是好的意思。而今天我们讲的"善"是孔子所讲的"仁"和"义"的思想。

"善"作为个人修养的最高境界，是个人道德的最高体现，在儒学中虽然也代表"好"的意思，但并不是以它来代表这一境界，而是以"仁"的观念来体现的。仁为众德之首，仁者富有天下。

孔子主"仁"，认为仁的基本内涵是爱人和克己复礼，达到仁的境界。仁也是个人修养的最高境界，只有仁者才能好人、能恶人。"善"与"恶"相反，孔子多次把"仁"与"恶"对用，可见在孔子看来，"善"是具有某些"仁"的含义。如："子曰：惟仁者能好人，能恶人。"（《论语·里仁》）这里将"仁"作为"好"和"恶"的先决条件。"子曰：苟志于仁，无恶也。"（《论语·里仁》）"子曰：我未见好仁者恶不仁者，好仁者，无以尚之。恶不仁者，其为仁矣。"（《论语·里仁》）

中国古代人们对美的要求，乃是和谐。和谐为美。它包括：内容与形式的统一，内与外、形与神、心与物、五声与中声、视与听等多方面的统一。孔子说："质胜文则野，文胜质则史，文质彬彬，然后君子。"（《论语·雍也》）所以，孔子认为，美是内在和外在的统一。他要求文学艺术理应追求内容和形式的统一，认为"诗可以兴，可以观，可以群，可以怨"，从而达到"迩之事父，远之事君"（《论语·阳货》）的目的。要求艺术要同伦理道德相得益彰，共同起到教化人的作用，"志于道，据于德，依于仁，游于艺"（《论语·述而》）的尽善尽美的境界。

传统蒙学的人的教育主要集中在儒家的思想之中。而对道、兵、法、释、墨等家的思想关注得不够。这从固本清源来说，尚有它一定的局限性。

中国国学及中国传统文化，是一个有机的整体。它是在几千年的历史变迁之中由于社会发展的需要而产生。儒、道、兵、释、法、墨、名、医、农学说的产生，首先是社会的需要。而其形成也都随着社会各个时期的发展需要，才形成一个学说体系。

国学及传统文化，是中国人的智慧宝库。

现今对中小学生教育来说，它的主要作用还是"固本清源"与

"开启人智"。

如何能从幼年就完成人的固本清源的任务，给人以真、善、美，并能使人本之中的真善美发扬光大，这是国学所具有而其他文化所不具有的功能与作用。国学中的儒家思想、道家思想、法家思想中对人有积极而健康的意义的学说，是足可以完成这一使命的。儒家思想、道家思想、法家思想，不仅能培养一个中国人所应有的人文素养，还能帮助人树立一个正确的人生观、世界观。

其次在于"开启人智"。人的智慧分为社会学科和自然学科的知识。就社会学科的智慧来说，中国国学更多地集中在儒、道、法、兵等家的思想中体现出来。而自然科学的思想，主要集中在墨、医、农等家思想中体现出来。国学在"开启人智"方面虽完成不了现代科学所给予人们的人智，但就历史传统而言，国学所给予的人智，又是现代科学所取代不了的。

六、建立国学的内在体系，开展好国学的教育工作

我们认为，开展好国学的教育工作，需要解决以下方面的问题：

首先，国学亟待解决的一大问题，便是国学的体系问题。这一问题不解决，国学的学科便难以建立，研究者便难以说清国学的研究对象，学习者便难说自己学到的是国学知识，从而国学的功能与价值都难以实现。

国学体系庞大、繁杂，时空跨度之大，是任何学科都无法相提并论的。正是这个原因，国学的教育工作使人无从下手、无从落实。

前人曾就此问题进行过尝试性的探讨，如胡适、梁启超所编书目，他们二人虽在汗牛充栋的古籍文献中精中精选，但也有一百余

部。仅一部"二十四史"就四千五百万字,这仅仅是其中的一种。又如《大藏经》也为一种。这就使国学的教育读本和学习都成为难为之事。

先人的做法,是编写一些启蒙读物,如《弟子规》、《三字经》、《千字文》等来解决无从可学的问题,或对大一些的儿童,便从"四书五经"开始学习。蒙学,学的国学仅仅限于皮毛,"四书五经"艰深难懂,又仅限于先秦儒学中的一部分,故仍未解决怎样编、编什么、学什么的问题。

针对这一问题,我们采取的办法是:

第一,先找出国学的核心部分。国学的核心部分无疑是儒家学说,核心之外,处在次等地位的,无疑是道家学说。儒、道两家应该是中国国学的重要组成部分,但二者相比,道家还是处在次要地位的。

除了儒、道两家之外,兵、法、释、墨等家的思想,就是处在第三等级了。而农家、医家、名家等思想又次之。

第二,找到核心与非核心部分后,还要进行第二方面的工作,那就是在核心部分和非核心部分中选择精华。

任何一个学说,都由代表它自身结构的不同概念组成。而且在诸多概念中,存在着一个核心概念及围绕着核心概念而组成的学说中心或主体部分,也可看成为中心结构或主体结构。

用这种方法,便可以将国学中的儒、道、兵、法、释、墨、医、农等各家学说的核心概念和中心结构中的概念选择出来,这样便组成了国学的概念主体。

概念从学科的角度看,也可以视为命题。把国学中的主体命题挑选出来了,国学的精华便可以挑选出来了。

这些命题包括有:

儒家的命题:仁、义、礼、智、信、诚、孝、恕、廉、忠、中庸、知行。

道家的命题：道德、无为、动静、制欲、养性、天人、形神、齐物。

兵家的命题：庙算、谋攻、奇正、形势、虚实、争战、变化、军旅、地形、战备、水火、用间。

这些命题代表了中国传统文化的核心，又是中国传统文化的根、源、流、脉。

第三，国学各学说都有一个师承与承传关系，这种学说的承传在我国沿袭了四五千年。如何能让人掌握学说核心、中心命题的源与流，使学生能系统整体地学到国学，是我们追求的另一个目标。

中国国学主要有四个发展时期，一是先秦，二是两汉，三是唐宋，四是明清。如从成就上看，先秦、北宋、明朝是三个主要时期。我们把这三个主要时期和四个次要时期的主要代表人物或主要典籍找出来，便可以见到国学发展的源流关系了。

儒家主要有：孔子、孟子、荀子、《大学》、《中庸》、董仲舒、韩愈、柳宗元、周敦颐、程颢、程颐、朱熹、陆九渊、王守仁、陈确、王夫之等；

道家主要有：老子、庄子、《淮南子》、《太平经》、王弼、阮籍、嵇康、《抱朴子》等；

兵家主要有：孙子、吴起、孙膑、尉缭、李靖、何去非、刘基、宋祖舜等。

其次，国学教育遇到的另一问题，便是古今汉语的转换问题。古汉语与当今人们使用的现代汉语在在语音、语法、语境等多方面存在着种种差异。国学的内容多出自古代典籍，且多以先秦典籍为主。在不同的历史时期，国学典籍的文本载体与现今人们阅读内容的文本载体早已截然不同；典籍所记载的人、事、物距离当今人们生活早已时间久远，二者处在不同的历史时空中，加之诸家学说思想艰深，从而给现今人们阅读、学习、理解国学的过程带来诸多障碍。解决这一问题，我们认为应当采取古今文对照翻译，典籍文本所涉及的难读、难解字词加以注音、注释，通过对学说核心命题进行深入浅出的讲解，帮助人们克服在国学学习中所遇到的语言障碍，解决词汇艰涩、语法易混、文意难解等问题。

第三，不同的学习人群对国学内容的需要有差异。我们针对不同的学习人群，采取多种不同的出版形式，使得国学教育与学习更具针对性。同时，在保持国学体系的系统性、完整性和国学典籍的原汁原味的基础上，我们力求在出版内容与呈现形式上进行大胆的创新，竭力为当今人们学习国学提供多元化的途径方式。例如，增加"国学百科"板块内容，就是丰富人们的国学基础知识；随文配上历史文物图片，就是让人们通过文物图片能够直观地感受历史文化气息，同时让人们在阅读过程中有所"暂歇"，留出一定思考空间，去品味、体悟下所阅读的国学内容。

总之，国学是国中有学，学中有术，术中有道，学之则明心，用之则明道。它是先人留给后人的无价之宝，切莫等闲待之。

以上思考，有不当之处，敬请批评指正。

2012年6月3日
于北京寓所

仁

　　仁是儒家思想中最为重要的核心命题。《说文解字》："仁，亲也。从人从二。""仁"字，原指两个人的关系。甲骨文已有了"仁"字。仁作为人们的道德规范，在春秋时期就受到社会的重视。孔子创立儒家学派时，将仁提高到社会"全德之称"的地位。仁的学说在整个中华民族文化的历史长河中，对人格的养育、心智的养成、待人处世、兴邦治国都起到了极为重要的规范、约束和引导作用。

孔子·说仁

孔子在《论语》一书中有一百多处讲到仁。归纳起来有以下几种含义：

第一，仁是一种个人品格，是受主体支配的。他说："仁离我们很远吗？我内心想要仁，仁就来了。"（《论语·述而》）这说明仁是一种道德意识，在人的大脑中存在和流动着。

第二，仁的本质是"爱人"、"忠恕之道"和"克制自己使行为符合周礼"。"樊迟问什么是仁。孔子说：'爱人。'"（《论语·颜渊》）仁是什么呢？"孔子说：'自己要站立得住，同时也要让别人站立得住；自己要事事通达，同时也应使别人事事通达。'"（《论语·雍也》）"子贡问：'有没有一句可以终身奉行的话呢？'孔子说：'应该是恕吧！自己所不想要的任何事情，都不要强加给别人。'"（《论语·卫灵公》）"孔子说：'曾参呀！我的学说贯穿着一个基本的理念。'曾子说：'是的。'孔子出去以后，别的学生问曾子：'这话什么意思？'曾子说：'他老

·国学百科

孔子（前551～前479年）：春秋末期思想家、政治家、教育家，儒家的创始者。名丘，字仲尼。鲁国陬邑（今山东曲阜东南）人。先世是宋国贵族。少"贫且贱"，成年后做过"委吏"（司会计）和"乘田"（管畜牧）。学无常师，相传曾问礼于老聃，学乐于苌弘，学琴于师襄。聚徒讲学，从事政治活动。五十岁时，由鲁国中都宰升任司寇。后又周游宋、卫、陈、蔡、齐、楚等国，前后达十三年。六十八岁时返鲁。晚年致力于教育，曾删

"仁远乎哉？我欲仁，斯仁至矣！"（《论语·述而》）

"樊迟问仁。子曰：'爱人。'"（《论语·颜渊》）

"子曰：'己欲立而立人，己欲达而达人。'"（《论语·雍也》）

"子贡问曰：'有一言而可以终身行之者乎？'子曰：'其恕乎！己所不欲，勿施于人。'"（《论语·卫灵公》）

"子曰：'参乎！吾道一以贯之。'曾子曰：

《诗》、《书》，定《礼》、《乐》，赞《周易》，并把鲁史官所记《春秋》加以删修，成为我国第一部编年体的历史著作。相传先后有弟子三千人，其中著名的有七十余人。自汉以后，孔子学说成为两千余年传统文化的主流，影响极大。孔子被人们尊奉为圣人。现存《论语》一书，记有孔子的谈话以及孔子与弟子的问答，是研究孔子学说的主要资料。

人家的学说，就是忠和恕呀！'"（《论语·里仁》）"颜渊问什么是仁。孔子说：'克制自己，使自己的言行符合于礼，这就是仁。一旦做到这样了，天下的人就都会称许你是仁人了。'""颜渊说：'请问行动的纲领。'孔子说：'不合乎礼的事不看，不合乎礼的话不听，不合乎礼的话不说，不合乎礼的事不做。'"（《论语·颜渊》）

第三，仁是社会道德的总和，也是人的最高道德境界。"子张向孔子问仁。孔子说：'能够实行五种品德的人，便是仁人了。''请问是哪五种品德？'孔子说：'恭敬、宽厚、诚信、勤敏、慈惠。恭敬就不会遭到侮辱，宽厚就会得到大家的信赖，诚信就会得到别人的任用，勤敏就会取得事情的成功，慈惠就会有人听从你的使用。'"（《论语·阳货》）"仁人沉静。"（《论语·雍也》）"花言巧语、掩盖真相的人，仁德很少。"（《论语·学而》）"唯有仁人才能懂得正确地爱人，厌恶人。"（《论语·里仁》）"齐桓公多次主持诸侯间的会盟，不以武力征服天下，都是管仲的力量。这就是管仲的仁德，这就是管仲的仁德！"（《论语·宪问》）"仁人，他的言语谨慎。"（《论语·颜渊》）

'唯。'子出。门人问曰：'何谓也？'曾子曰：'夫子之道，忠恕而已矣！'"（《论语·里仁》）

"颜渊问仁。子曰：'克己复礼为仁。一日克己复礼，天下归仁焉。'""颜渊曰：'请问其目。'子曰：'非礼勿视，非礼勿听，非礼勿言，非礼勿动。'"（《论语·颜渊》）

"子张问仁于孔子。孔子曰：'能行五者于天下，为仁矣。''请问之。'曰：'恭，宽，信，敏，惠。恭则不侮，宽则得众，信则人任焉，敏则有功，惠则足以使人。'"（《论语·阳货》）

"仁者静。"（《论语·雍也》）

"巧言令色，鲜矣仁。"（《论语·学而》）

"唯仁者能好人，能恶人。"（《论语·里仁》）

"桓公九合诸侯，不以兵车，管仲之力也。如其仁！如其仁！"（《论语·宪问》）

"仁者，其言也讱。"（《论语·颜渊》）

大禹治水不回家

　　四千多年前，我国黄河中游地区经常发生水灾。每当雨季来临，黄河水滚滚而下，波浪滔天。无情的洪水淹没田地，冲毁房屋。大水像一头贪得无厌的巨兽，无情地吞噬（shì）着大地上的一切。人们奔走呼号，叫苦连天，到处是惨不忍睹的景象。

　　"苍天啊，为什么对我们这样无情！""快救救我们吧！快给我们管住这可怕的洪水吧！"在这危急的时刻，一个年轻人勇敢地站了出来，担起了治水的重任，他就是历史上以治水而著称的禹。禹对百姓说："求天是没有用的，关键是要靠我们自己来治理洪水。一旦我们把洪水治住，它不仅不会伤害我们，还能为我们造福。"

　　人们像是找到救星一样，聚集到这位年轻人周围，不解地问：

· 国学百科

【历史钩沉】

　　本历史事例出自《史记》卷一《五帝本纪》。

【历史人物】

　　禹：亦称"大禹"、"夏禹"、"戎禹"。夏代建立者。姒姓，名文命。鲧之子。原为夏后氏部落领袖，奉舜命治理洪水。据后人记载，他领导人民疏通江河。在治水十三年中，三过家门而不入。后因治水有功，被舜选为继承人。传曾铸造九鼎。其子启继位，确立了君主世袭的制度。

"我们怎样才能治理好洪水呢？""只要我们齐心协力，依靠大家的力量，没有制服不了的洪水！"禹坚定地说。

"你这么年轻能行吗？"

"治理洪水需要大家的力量和智慧，和年纪有什么关系呢？"

这时几个老年人提醒禹说："年轻人，你要考虑好！别忘了你父亲啊！"一提到禹的父亲鲧，禹的心一阵战栗，泪水禁不住流了下来，眼前浮现出父亲率领人民治水的形象。

禹的父亲鲧曾经带领人民治水，他奋力和洪水抗争，但方法不对，最后还是没有治住洪水，鲧被放逐，死在羽山。禹仿佛听到了父亲临死前的殷（yīn）殷嘱咐："无论如何也要把洪水治好。"想到这里，禹激动地说："我自愿带领大家治理洪水，如果治理不好，那么我愿和父亲一样，死而后已！"人们终于被禹的果敢所打动，纷纷表示赞同禹的主张。在禹的率领下，人们开始了艰难的治水行动。

禹注意汲（jí）取前人的经验，并根据地势的高低和水向低处流的特点，用疏导的方法治理洪水。他不是堵住洪水，而是在洪水流经的地方挖开一条深沟，让洪水顺着开凿的水路走。这不仅节约

·国学百科

神人纹彩陶壶

鲧（gǔn）：传说中原始时代部落首领，颛顼之子，禹之父，建国于崇，号崇伯。奉尧命治水。他用筑堤防水的方法，九年未治平，被舜杀死在羽山。

【历史典故】

三过其门而不入：三次经过家门，都不进去。指夏禹治水的故事。《孟子·离娄下》："禹、稷当平世，三过其门而不入。"后用以形容尽心工作，因公忘私。

了人力，还能控制住洪水的泛滥，并且在旱季时能灌溉农田，达到旱涝保收。

在治水的过程中，禹和大家一起同甘苦、共患难，全身心投入到治水上。

禹带领人们开始治水时，他的新婚妻子生了儿子。禹治水恰好从家门口经过，他多么想看一眼久别的妻子和新出生的儿子啊！但他一想到众人都在外治水，自己作为治水的总指挥，怎能在这时候回家呢？最后，禹终于狠了狠心没有进家门。他望着家门自言自语道："夫人啊，儿子啊，不是我狠心不见你们，实在是治水的百姓们更需要我啊，我相信你们会理解我！"禹在外治水共十三年，三次经过家门都没有进。这件事在百姓中广泛流传，极大

· 国学百科

《尚书·益稷》记载禹的话："予创若时，娶于涂山，辛壬癸甲。启呱呱而泣，予弗子，惟荒度土功。"这就是说：他娶涂山氏的女儿为妻，辛日娶妻，至甲日复往治水。后来生了儿子启，他也顾不上照顾，只顾着治理水土。

《吕氏春秋》卷第六《季夏纪第六·音律》记载：禹巡视治水之事，途中遇到涂山氏之女。禹没来得及与她举行婚礼，就到南方巡视去了。涂山氏之女就叫侍女在涂山南面迎候禹。她自己作了一首歌，

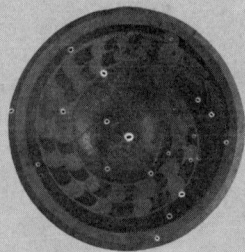

龙山文化蟠龙纹陶盘

地鼓舞了人们治水的斗志。

在禹的带领下，人们齐心协力，万众一心，发挥集体的力量，终于克服重重困难，制服了可怕的洪水。从此黄河再也不像以前那样危害人民生活了。

禹本着一颗对人民的热爱之心，依靠意志和才智，带领人民战胜了洪水。人们为感谢禹治水的功劳，尊称他为"大禹"，意思是"伟大的禹"。"大禹治水"的故事一直流传到今天，成为千古佳话。

· 国学百科

歌中唱道："候望人啊"，这是南方民间音乐的发端。周公和召公在此采风，作《周南》和《召南》，收入了《诗经·国风》。

汤捕鸟网开三面

夏朝末年，君主桀荒淫残暴，整日吃喝玩乐，恣意搜刮老百姓的钱财，又连年对外侵略征战，并用残酷的刑罚镇压人民的反抗。人民处于水深火热之中，都希望夏桀早一天死去。谁能带领人民来推翻夏桀的统治呢？商汤勇敢地担起了这项重任。

商族是我国北方一支古老的部族，汤是商族的始祖契（xiè）的第十四代孙。夏桀日益失去民心，商族的势力又一天天地强大，汤便决心从北方南下，推翻夏桀王朝，救百姓于水火。商汤是一位仁慈善良、爱惜百姓的首领。他深知，要推翻夏桀的政权，首先要争取民心，使天下的百姓都乐意归附他，天下的有才能者都辅佐他，而不能单靠武力。

一天，汤到郊外出游，看见一个人从四面架起网，之后便向天

· 国学百科

【历史钩沉】

本历史事例出自《史记》卷三《殷本纪》。

【历史人物】

桀：夏代国君。姒姓，名履癸，发之子。暴虐荒淫。公元前1600年被商汤所败，出奔南巢（今安徽巢湖西南）死。夏亡。

商代 铜方鼎

祷告说："愿来自四面八方的飞鸟，都落入我的网中！"这时，正在天空自由自在飞行的小鸟，不知不觉进入捕鸟人的网中，左冲右撞，怎么也冲不出去，不时发出"啾啾"的哀婉啼叫。

汤看到这种情景，心里很有感触，便上前对捕鸟的人说："喂！你这样捕鸟，是会把天下的飞鸟都捕尽的！"汤命令手下的人撤去三面网，只留下一面网，然后向上天祷告说："想从左面飞去的鸟，就从左面飞走吧！想从右面飞去的鸟，就从右面飞走吧！那些乱飞的鸟，只好进入我的网中了。"商汤网开三面的故事，很快便在夏桀统治下的各国传开了。人们都说："汤的德行太高尚了！连对飞禽走兽都怀有一副仁慈的心肠，更何况对百姓！"

从此，各诸侯国的人都企盼商汤能够早日成为君王。不久，商汤起兵征讨夏桀，锋芒直指葛国。葛是商的邻国，国君葛伯很放荡，甚至不祭祀祖先。汤知道后派人责问葛伯："你为什么不祭祀祖先？"葛伯回答说："没有祭祀用的牛羊啊。"

汤便派人送去牛羊，可葛伯却把牛羊宰杀吃肉，还是不祭祀祖先。汤又派人问："你为什么还不祭祀？"葛伯说："没有祭祀用的粟米。"汤又派民众前往葛国为葛伯种田，还向老人和小孩赠送

· 国学百科

商汤

汤：亦称"武汤"、"武王"、"天乙"、"成汤"、"成唐"。名履。商朝建立者。建都于亳。原为商族领袖，与有莘氏通婚，任用伊尹、仲虺（huǐ）为辅佐，陆续攻灭葛国等国，经十一次出征，成为当时强国。后一举灭夏，建立商朝。

葛伯：夏桀时诸侯。相传葛国（今河南宁陵北）与商为邻，葛伯不祭祀，商汤助以用作祭品的牛羊，被葛伯所食；汤命亳众为葛助耕，葛伯又抢夺送给助耕人的食物，杀死送食物的童子，汤起兵将之攻灭。

食物。这时，葛伯率人乘机抢夺酒食粟米，谁不给就把谁杀掉。有个刚得到所赠米肉的孩子因此被杀死，米肉也被夺走。商汤出兵讨伐葛伯，在当时影响很大。各诸侯国的人都说："商汤讨伐葛伯，不是为富有天下，而是为平民百姓报仇啊！"

商汤讨伐葛伯得到了各国人民的拥护，这为他下一步推翻夏桀的正义战争开创了十分有利的形势。商汤从起兵伐葛到最终推翻夏桀王朝，先后共进行十一次征战。当商汤率兵从东面征伐夏桀的时候，夏西面属国的人民就有怨言；从南面征伐夏桀的时候，北面的人民也有怨言。他们都说："汤为什么不先

· 国学百科

【历史典故】

网开三面：亦作"网开一面"。《史记·殷本纪》："汤出，见野张网四面，祝曰：'自天下四方，皆入吾网！'汤曰：'嘻，尽之矣！'乃去其三面。"后用以比喻法令宽大，从宽处理。

【历史补遗】

《史记·殷本纪》记载：伊尹名叫阿衡。阿衡想求见商汤而苦于没有门路，于是就去给有莘氏做陪嫁的男仆，

伊尹

来讨伐我国的昏君，而把我们排在后面？"各国人民盼望商汤的到来，就像久旱的禾苗盼望甘霖。

商汤的军队纪律严明，凡是商汤讨伐夏桀的军队所经过的地方，赶集的人照旧进入市场，锄草的农夫依然在田间耕作，丝毫不受惊扰。商汤讨伐暴君，慰问百姓，犹如久旱逢甘雨，天下百姓无比喜悦。

商汤捕鸟网开三面的故事，体现出他的仁慈心怀。这种仁慈心怀，主要表现在他对当时人民所遭受的苦难的同情。他向葛国的老人和小孩赠送酒肉粟米，因为无辜的儿童被杀害而讨伐葛国，这使他赢得了民心和拥护。因此，他的军队所向无敌，终于推翻了夏桀的残暴统治，建立了商王朝。

背着饭锅砧板来见商汤，借着谈论烹调滋味的机会向商汤进言，劝说他实行王道。也有人说，伊尹本是个有才德的隐士，商汤曾派人去聘迎他，前后去了五次他才应允。他向商汤讲述了远古帝王及九类君主的所作所为。商汤于是举用了他，委任他管理国政。

孟子·说仁

言论的解析·今文

孟子继承了孔子的"仁者爱人"的思想。

首先，爱人之心是仁者之心。"仁爱的人爱别人，有礼的人尊敬别人。爱别人的人，会被别人长久地爱戴；尊敬别人的人，会被别人长久地尊敬。"（《孟子·离娄下》）"仁者把给予他所爱的人的恩德推及到他所不爱的人身上，不仁者把加给他所不爱的人的祸害推及到他所爱的人。"（《孟子·尽心下》）在爱人之心的基础上，孟子又提出，"爱人"之心就是"不忍人之心"，即不忍心看到别人的困苦危难之心。"每个人都有不忍心去做的事，把不忍心去做的事推及到所忍心做的事上，这就是仁。" （《孟子·尽心下》）同时，孟子还发展了孔子的思想，提出：仁，就是人要走的道路。"仁的意思，就是人。'仁'和'人'合起来，就是'道'。"（《孟子·尽心下》）这是说，人行仁德就是"道"。这是以仁德为人道的本质。这种发展在认识史上的意义，就在于将道德归结为人类生活的本质，对儒家伦理学有着很大的影响。

· 国学百科

孟子（约前372～前289年）：名轲，字子舆。战国时期邹（今山东邹城东南）人。战国时期著名思想家、政治家、教育家。司马迁说孟子受业于子思的门人，但刘向、班固等人认为他受业于子思。曾游历齐、宋、滕、魏等国，在齐至少十八年，被齐威王尊为客卿。孟子的"仁政"主张并不被所到国家接受，只好归隐故乡，晚年与弟子万章等著书立说。他的学说对后世儒者影响很大，有"亚圣"之称。著作有《孟子》，书中记载了孟子及其弟子的政治、教育、哲学、伦理等思想观点和政治活动，是研究孟子及思孟学派的主要材料。

　　"仁者爱人，有礼者敬人。爱人者，人恒爱之；敬人者，人恒敬之。"（《孟子·离娄下》）

　　"仁者以其所爱及其所不爱，不仁者以其所不爱及其所爱。"（《孟子·尽心下》）

　　"人皆有所不忍，达之于其所忍，仁也。"（《孟子·尽心下》）

　　"仁也者，人也。合而言之，道也。"（《孟子·尽心下》）

其次，孟子提出仁义的道德规范。孟子说："仁，是什么？就是人心；义，是什么？就是人应该走的路。"（《孟子·告子上》）"仁的实质，就是侍奉父母；义的实质，就是顺从兄长。"（《孟子·离娄上》）"在齐国，没有人用仁义的道理向君王进言的，难道他们认为仁义不好吗？他们心里想的是：'这样的君王哪里值得和他谈论仁义呢？'对国王不恭敬莫过于如此呀！"（《孟子·公孙丑下》）这样，仁义便成为人类生活的最高准则。

第三，仁政思想。孟子的仁政思想是从"爱人"之心到"不忍人之心"发展而来的。他说："每个人都有怜悯体恤别人的心情。先王有这样的心，从而有了怜悯体恤别人的政治，以怜悯体恤别人的心情，行使怜悯体恤别人的政治，治理天下就如把天下放在手掌上一样容易。"（《孟子·公孙丑上》）他提出"仁政"就是统治者把自己的"不忍人之心"推己及人的结论。

孟子的仁政学说，内容主要有：一是在经济上，主张"规划田界"、"实行井田"、"薄税敛"。"实行仁政，一定要从划分整理田界开始。"（《孟子·滕文公上》）"纵横方圆一里的土地为一个井田，每一井田有九百亩土地，当中一百亩是公田。之外的八百亩，八家每家授给一百亩作为私田，八家共同耕种公田。公田耕种完之后，才来耕种自己的私田。"（《孟子·滕文公上》）孟子说："在市场上，给商人空地用来储藏货物，却不征收一文货物税，依法征收滞销货物，不让货物积压，那么，天下的商人都会高兴，并且乐意把货物都投放到市场上了；关卡，只稽查而不征收商旅关税，那么天下的旅客都会高兴，并且乐意经过那里的道路了；对耕种田亩的

"仁，人心也；义，人路也。"（《孟子·告子上》）

"仁之实，事亲是也；义之实，从兄是也。"（《孟子·离娄上》）

"齐人无以仁义与王言者，岂以仁义为不美也？其心曰：'是何足与言仁义也'云尔。则不敬莫大乎是。"（《孟子·公孙丑下》）

"人皆有不忍人之心。先王有不忍人之心，斯有不忍人之政矣，以不忍人之心，行不忍人之政，治天下可运之掌上。"（《孟子·公孙丑上》）

"夫仁政，必自经界始。"（《孟子·滕文公上》）

"方里而井，井九百亩，其中为公田。八家皆私百亩，同养公田。公事毕，然后敢治私事。"（《孟子·滕文公上》）

人，只要进行公田耕作，便不再征收田税，那么，天下的农夫都会高兴，并且愿意在田地里种庄稼了。"（《孟子·公孙丑上》）二是在政治上，主张禅让制、尊贤使能、省刑罚。他说："实行仁政于百姓，减免刑罚。"（《孟子·梁惠王上》）三是在军事上，反对争霸和兼并战争，提出"春秋时没有正义的战争"（《孟子·尽心下》）的思想。

"市，廛（chán）而不征，法而不廛，则天下之商皆悦，而愿藏于其市矣；关，讥而不征，则天下之旅皆悦，而愿出于其路矣；耕者，助而不税，则天下之农皆悦，而愿耕于其野矣。"（《孟子·公孙丑上》）

"施仁政于民，省刑罚。"（《孟子·梁惠王上》）

"春秋无义战。"（《孟子·尽心下》）

文王仁爱埋枯骨

土丘上，烈火在熊熊燃烧，横架在烈火上的铜柱已经被烧得通红……

"走，快走！"

几个士兵押着一个犯人走上土丘，犯人吓得哆哆嗦嗦。四周围着好多观看的人。这时，台下的执刑官大喊道："用刑！"

犯人赤着脚，被士兵用刀逼着向通红的铜柱上走去。他看到烧得通红的铜柱，吓得面如土色，无力移动双脚。士兵怒喝着用刀砍向犯人。最后犯人被逼上了大铜柱。

可是，犯人刚一上去，双脚即被烤煳，一阵钻心的疼痛传遍全身。犯人大叫一声，向后一翻，从铜柱子上掉到烈火里……

这种刑罚叫"炮烙"，是商纣王发明的，专门用来惩罚对他不

· 国学百科

【历史钩沉】

本历史事例出自《史记》卷四《周本纪》，以及周文王筑灵台，掘地得死人之骨，而更葬之的历史典故。汉代才女班昭代兄上书中言："超得长蒙文王葬骨之恩，子方哀老之急"，引用此典故。另《诗经·大雅》有《灵台》一篇，记述了文王建灵台。

【历史人物】

周文王：商末周族领袖。姬姓，名昌，商纣王时

尊敬的人。

商纣王非常残暴，喜欢制造一些酷刑来杀人，看着犯人受刑的惨状，他会乐得手舞足蹈。商朝人民整天提心吊胆，害怕一不小心就会被处死。

纣王贪财好利，他要求百姓交很多租税，不停地搜刮百姓。仓库里的粮食多得放不下了，他就把粮食酿成酒，整天饮酒作乐。生活在纣王统治下的人民非常穷苦。

当时，商朝西方有个叫周的诸侯国，国君是周文王，他和纣王正好相反，十分仁慈。

有一天，周文王坐车到郊外去。在荒野中，他看见有一堆死人的骨头，天长日久都已经枯烂了。周文王感到心里很不好受，对随从们说："你们在这附近挖一个坑吧！"

随从们感到很奇怪，就问："在这荒郊野外挖坑干什么？"

"挖好坑后，把这些枯骨掩埋起来。"周文王说。

"这不知是谁家死人的烂骨头，何必埋它呢？"

周文王叹了口气，说："不管是谁家死人的骨头，都应有个埋葬的地方。这样暴露在荒郊野外，叫人看了不好受。"

· 国学百科

为西伯，亦称伯昌。曾被纣王囚禁于羑里（今河南汤阴北）。统治期间，解决虞、芮两国争端，使两国归附，先后攻灭黎（今山西长治西南）、邘（今河南沁阳西北）、崇（今河南嵩县北）等国，并建丰邑（今陕西西安长安区沣河以西）为国都。在位五十年。子武王伐纣灭商，建立周朝，追尊为文王。

周武王（？～前1043年）：西周王朝的建立者。文王之子。公元前1046～前1043年在位，名发。继承文王遗志，联合庸、蜀、羌等族，于公元前1046年率军攻商，牧

西周 禹鼎

于是，随从们在附近挖了个坑，把那堆枯骨埋好。

随从们干完活儿，文王语重心长地对他们说："我身为国君，就是这个国家的主人，所有的周人都是我的臣民，我应该对他们负责啊！"

周文王讲仁义埋葬枯骨这件事很快在各国传开了，人们议论纷纷。

"西伯太仁慈了，连没有主人的枯骨都埋葬好，真是仁义之君啊！"

"他对死人都这么好，对活着的百姓一定会更好！"

"西伯对百姓这么好，咱们为什么不逃到那里去呢？"

"对呀，咱们到周国去。"

……

· 国学百科

野之战大胜，灭商，建立西周王朝，都于镐，分封诸侯。

【历史人物】

纣工：亦作"受"，小称"帝辛"。商代末代国君。公元前1075～前1046年在位，征服东方部族，又杀九侯、鄂侯、比干、梅伯等，囚周文王、箕子。好酒淫乐，暴敛酷刑。后周武王伐纣，他兵败自焚而死。商亡。

商代 云纹铜提梁卤（yǒu）

于是，各国的人都纷纷投奔到周国来。周文王对他们非常友好，给他们吃的、住的，并且分给土地让他们耕种，对有才能的人加以重用，完全像对待周人那样对待这些归附的人。归附的人越来越多，周国逐渐强大起来。

诸侯国之间发生争执，周文王都尽力调解，大家都很尊敬他。渐渐地，周文王便成为各国的领袖。

周文王看到商纣王残暴，人民的生活十分困苦，就下定决心推翻商纣王的统治。他仁慈爱民，得到各诸侯国人民的支持。后来，周文王的儿子武王消灭了商纣王，建立了西周。

周文王统治周国长达五十年，他以仁义治国，以仁慈爱民，得到了天下人的衷心拥护。

【历史百科】

炮烙（páo luò）：本作"炮格"。相传是殷代所用的一种酷刑。用炭烧铜柱使热，令有罪者爬行其上。人堕入火炭中被烧死。

酒池肉林：《史记·殷本纪》："（帝纣）大冣（zuì）乐戏于沙丘，以酒为池，县（悬）肉为林，使男女保（裸）相逐其间，为长夜之饮。"形容穷奢极欲。亦用以形容酒肉之多。

孟子游魏说仁政

这是一个多么美妙、幸福的家园啊! 每家每户都有一百亩可以种植五谷的土地, 五亩能种植桑树、养蚕的房宅地, 五只母鸡, 两头母猪。老人们衣着整洁, 悠然自得, 学塾里传来孩子们朗朗的读书声。国家的官吏们以仁爱之心管理着这块温暖的乐土……

这幅幻景不断地在孟子的脑海中浮现。为了宣扬自己的主张, 实现自己设想的"仁义"之国, 孟子不辞劳苦地奔波于各国之间。这一次, 他又风尘仆仆地前往魏国。魏惠王问孟子: "您这么辛苦, 从很远的地方到我这里来, 一定带来了能使我们国家强大的好办法吧?"

孟子说: "大王怎么开口就问给您带来什么好处呢? 如果您国家的人都想着多为自己争抢好处, 国家就要灭亡了。"

· 国学百科

【历史钩沉】

本历史事例出自《孟子·梁惠王上》。

【历史人物】

孟子(约前372～前289年): 战国时思想家、政治家、教育家。名轲, 字子舆。邹(今山东邹城东南)人, 受业于子思的门人。历游齐、宋、滕、魏等国。把孔子"仁"的观念发展为"仁政"学说。提出"民贵君轻"说, 认定残暴之君是"独夫", 人民可以推翻他。极力

惠王问："那我们都应该做些什么呢？"

孟子说："人们都应该用仁义来修养自己的品德，一国的君主应该用仁义的办法治理他的国家。"

惠王说："请问，要是这样做的话，对我们国家有什么好处呢？"

"我想，如果人人都去追求仁义，就会更好地抚养自己的亲属，就会把国家的利益放在前面，这样社会才能安定，国家才能变得强大。"孟子信心十足地说道。

"大王是否也知道很多大国的国王都被他手下人杀死的事呢？"孟子问。

"知道，您认为发生这种事的原因是什么呢？"惠王很想从孟子口中得到答案。

孟子说："这就是因为他们都不按仁义去做，都以夺取别人的权力和财产为满足，才给国家带来了很大的危害。"

"嗯，人人都应该讲仁义才对呀！"惠王点头说道。

过了几天，惠王再次接见了孟子。他说："我有一个没齿难忘的耻辱。本来，人人都知道魏国是天下强大的国家。可是，我做国君

·国学百科

战国 错金云纹豆

主张"法先王"，"行仁政"，恢复井田制度，省刑薄赋。肯定人性生来是善的，都具有仁义礼智等天赋道德意识。还指出"劳心者治人，劳力者治于人，治于人者食人，治人者食于人"这一历史事实。其学说对后世儒者影响很大，被认为是孔子学说的继承者，有"亚圣"之称。著作有《孟子》。

魏惠王（前400～前319年）：亦称"梁惠王"。战国时魏国国君。武侯之子。公元前369～前319年在位。从安邑（今山西夏县西北）迁都大梁

后，在东方被齐国打败，我的长子战死了；在西方被秦国打败，败退七百里；在南方又败给楚国。你认为我怎样做才能报仇雪耻呢？"

孟子回答说："大王应该用仁义对待老百姓，对他们刑罚不要太重，不要向他们收取过多的赋税，一年四季让他们有点休息的时间。用忠孝去教育百姓，使年轻人在家里都能孝敬父母，出了家门都能尊敬师长……"

"这样做会怎样呢？"惠王不等孟子说完，又问。

"这样的话，一旦战争爆发，敌国来侵犯，这些人就可以拿起武器，个个以一当十地抗击敌人。"孟子说。

惠王又问："一个国家拥有的地方很小，怎么能强大起来呢？"

· 国学百科

（今河南开封），从此魏也称"梁"。魏惠王二十六年（前344年）召集逢泽之会，自称为王。后被齐军大败，国势渐衰。

【历史词条】

饿殍（piǎo）遍野：饿殍，饿死的人。到处都是饿死的人，形容老百姓因饥饿而大量死亡的悲惨景象。语出《孟子·梁惠王上》："涂（途）有饿莩（殍）而不知发。"

孟子说："国家的强与弱，不在于拥有多么广阔的土地。如果能按上面我说的那样去做，大王要做天下的王，只要有方圆百里的地方就足够了。"

孟子又说："一个好的国家，百姓家即使有八口人，也能吃得饱穿得暖。青年男子既能赡养父母，也能养活妻子儿女，就是遇到荒年，人们也不会饿死。"

孟子的这些主张是有利于人民生活安定、国家发展的。可当时的国君只想着怎样扩展自己的地盘，称霸天下，认为推行"仁义"是以后的事情，根本没有人重视。

惠王听了，虽口中称好，心里却在想："没有广阔的土地算什么大王？我一定要争取大片的土地和众多的臣民。"

为了达到目的，此后惠王东征西讨，烽烟四起，以致田地荒芜，百姓们怨声载道，国家日益衰弱，很快就被强大的秦国蚕食殆尽了。

·国学百科

【历史词条】

始作俑者：出自《孟子·梁惠王上》："仲尼曰：'始作俑者，其无后乎！'"俑，古时用来殉葬的木制或陶制的人形。指最早开始用俑殉葬的人。比喻恶劣风气或恶劣行径的开创者。

缘木求鱼：出自《孟子·梁惠王上》："以若所为求若所欲，犹缘木而求鱼也。"求，寻求。爬到树上去找鱼。比喻方向或方法不对头，徒劳无功。

荀子·说仁

　　荀子继承了孔孟的"仁者爱人"的思想。"仁，就是爱人，所以亲近别人。"（《荀子·大略》）荀子与孔子的不同之处在于，孔子认为仁为全德之名，荀子则认为礼是全德之名。在仁与礼的关系上，荀子认为："仁有安居的地方，义有进出的门户。仁，如果不是它应该处在的地方而待在那里，就不是仁。义，如果不是它应该出入的门户而从那里出入，就不是义。推行恩惠而不符合道理，就不成为仁；合乎道理而不去做，就不成为义；明察礼节而不知内在含义，就不成为礼；五音和谐而不表现出来，就不成为乐。所以说：仁、义、礼、乐，它们目标一致。君子处在仁之中而用义，然后才是仁；根据礼而用义，然后才是义；制定礼义，要抓住根本完善细节，然后才是礼。"（《荀子·大略》）这就是说亲亲之仁，敬长之义，必须依据礼才能实现。仁，如果不立足于礼，就不能叫仁，仁义是以礼为标准的。"要想溯源先王之道，推究仁义之本，那么从礼入手便是一条便捷的道路。"（《荀子·劝学》）

·国学百科

　　荀子（约前313～前238年）：战国末期思想家、教育家。姓荀名况，世称荀卿或孙卿。赵国人。五十岁游学于齐，曾二次出任齐国稷下学宫的"祭酒"（学宫之长），后去楚国，任楚兰陵（今山东苍山西南兰陵镇）令。荀子主张以"礼"治国，他所说的"礼"，就是制度、政策和法。他主张各国实行富国强兵政策，尤其称赞秦国的政治和军事。他提出统治者与人民的关系是船和水的关系。他对儒家思想有所发展，提倡"性恶论"。他的"性恶论"的主张，常被人们用来与孟子的"性善论"相比较。

"仁，爱也，故亲。"（《荀子·大略》）

"仁有里，义有门。仁非其里而虚之，非礼也。义非其门而由之，非义也。推恩而不理，不成仁；遂理而不敢，不成义；审节而不知，不成礼；和而不发，不成乐。故曰：仁、义、礼、乐，其致一也。君子处仁以义，然后仁也；行义以礼，然后义也；制礼反本成末，然后礼也。"（《荀子·大略》）

"将原先王，本仁义，则礼正其经纬蹊径也。"（《荀子·劝学》）

子产为相施仁爱

"宰相子产去世了！"

郑国的百姓奔走呼号，传递这一令人痛心的消息。

"宰相离开我们了，这是真的吗？"

"他不能死啊！"

"他死了，我们老百姓可怎么办啊！"

……

郑国的人民从四面八方汇集到宰相府，哭祭他们的宰相子产。

一时间，宰相府的门前人山人海，哭声一片。青壮年号啕大哭，老年人也像无助的儿童一样泪流不止。子产的死，把所有的郑国人带入了一片悲痛的气氛中。

子产做宰相深得人民爱戴。他从做宰相的第一天起，就下定决

·国学百科

【历史钩沉】

本历史事例出自《史记》卷四十二《郑世家》。

【历史人物】

子产（？～前522年）：春秋时郑国执政。名侨，字子产。郑穆公之孙，又称"公孙侨"；居东里，也称"东里子产"。执政后实行改革，整顿田地疆界，发展农业生产，后又创立按"丘"征"赋"制度，将"刑书"（法律条文）铸在鼎上公布，不毁乡校，以听取"国人"意见。这些改革给

心让全国的老百姓都能过上好日子。

郑国的土地灌溉条件很差，遇到干旱的年景，农民的庄稼收成就不好，就要忍受饥饿的折磨。子产任宰相后，亲自带领百姓们兴修水利，疏通水道，灌溉农田。没过几年，郑国的田地治理得井井有条，水利设施井然有序。郑国人民的生产终于不再被旱涝所左右了。

"我们能有这么完善的水利设施，完全都是我们的宰相子产的功劳啊！"郑国的百姓对子产感激不尽。

子产曾说："我是你们的宰相，为你们做一些事情是我的职责。"

子产宽厚爱民，对百姓们发表言论不会严厉限制，而是重在引导。郑国都城有一所乡校，人们总是往来于此。这样，常常会有很多人闲时聚在一起议论政事。

有一天，一位朝廷的大臣找到了子产，建议说："我认为应该把乡校拆掉。"

"为什么？"子产不解地问。

"乡校对人的教育意义不算大。再说，这么多人聚在一起评论

郑国带来了新气象。

【历史典故】

防民之口，甚于防川：防，阻止；甚，超过。阻止人民进行批评的危害，比堵塞河川引起的水患还要严重。指不让人民说话，必有大害。见《国语·周语上》："防民之口，甚于防川。"

春秋 莲鹤方壶

时事，不是什么好事。"

"怎么不是好事呢？"

"这些人随意评论，胡说一通，有些是歌颂国家的，但有些却是批评政事，指责大臣，甚至国君。这对国家没有好处，对您也不利呀！"

子产终于明白了这位大臣的意思，于是耐心地劝导说："我和你的看法不一样。人们议论国家，说明他们关心国家大事，我们不要制止他们说什么。他们说好话，我们听了，就认真地去执行。他们说坏话，我们也要听，我们可以改正或不做坏事。这样的议论，对我们大有用处啊！"

那位大臣又接着说："如果我们拆掉乡校，不好的言论自然就没有了，这不是很有效吗？"

· 国学百科

【历史补遗】

公元前536年，郑国执政子产铸刑书，《左传·昭公六年》这样记载："三月，郑人铸刑书。"杜预注："铸刑书于鼎，以为国之常法。"即把刑法条文铸在金属鼎上公布于众，作为国家的基本法律规范。子产铸刑书，否定了"刑不可知，则威不可测"的秘密法，开创了古代公布成文法的先例，打破了"刑不上大夫"的传统，是中国法律史上一次划时代的变革。子产被清代王源推许为"春秋第一人"。

春秋 郑伯盘

子产说："用强力制止人们的议论，不是长久之计，人们的不平憋在心里，早晚要爆发出来的。"

子产想了想，又说："这就好比堵塞河川，一旦河水冲破河岸，出现大口子，就很难控制住。如果我们平时开个小口把水放掉一些，再加以疏导，就不至于导致河水冲破河岸了。"

那位大臣茅塞顿开，急忙说："我明白了，关闭或拆毁乡校的办法，不如让它存在，让人们去议论，这更有利于我们治理国家啊。"

子产笑着点了点头。乡校终于在郑国保存下来。

子产以仁治理郑国，收效很大。他执政第一年，郑国就上下有序，尊老爱幼；执政第二年，人们言而有信；第三年，夜不闭户，路不拾遗；第四年，人们把工具放在田里也没人偷……

子产治理郑国共二十六年，受到人们的爱戴。所以，子产死后，出现了全国百姓哭祭的情景。

子产以仁治民，宽厚爱民，使老百姓安居乐业，所以得到人民的极大拥护。

· 国学百科

郑定公八年（前522年），子产卒。据元人撰《贾氏说林》载："子产死，家无余财，子不能葬，国人哀亡。丈夫舍玦佩，妇人舍珠玉以赙（fù，馈赠）之，金银珍宝不可胜计。其子不受，自负土葬于邢山。"《韩诗外传》载："丁壮号哭，老人儿啼，曰'子产去（抛下）我死乎！民将安归？'"孔子听说后，哭泣道："古之遗爱也（子产继承了古人仁爱的遗风）。"

魏文侯与民休息

在魏国的东封，有个地方官名叫解扁。有一年，解扁为了讨好上司，驱使劳累一年的农民在冬天里上山砍柴。

整个冬天农民们干个不停，砍下的树木可真多啊，堆积得像一座座小山似的。一直砍到冬去春来，燕子飞回，冰雪融化，才停下来。农民们累得腰酸腿疼，苦不堪言。可是，解扁还不允许农民们休息，又让农民把砍下的木材编成木排，然后把木排顺河运下来，拿到集市上去卖，卖了很多钱。于是，解扁上缴国家的财赋一下子增加了三倍。解扁高兴极了，心想："我的成绩这么大，魏文侯一定会重重地奖赏我，封给我一个大官儿做。"

朝廷里的一些大臣们，看到东封的地方官交上这么多钱，非常高兴，认为解扁的功劳太大了，上奏国君请求重赏解扁。

· 国学百科

【历史钩沉】

本历史事例出自《史记》卷四十四《魏世家》和《淮南子·人间训》、《韩诗外传》。

【历史人物】

魏文侯（？～前396年）：战国时魏国的建立者。魏桓公之子。名斯。曾任用李悝为相，吴起为将，西门豹为邺（今河北临漳西南）令，奖励耕战，兴修水利，进行改革，使魏成为当时强国。

战国 中山王方壶

魏文侯却不这么想，他想知道解扁是怎样得到这么多钱的，于是召见解扁。

魏文侯问道："东封的耕地没有扩大，种地的农民也没有增加，怎么上缴国家的财赋会增加三倍呢？"

解扁还以为魏文侯欣赏自己的"政绩"呢，认为自己升官发财的机会到了，便眉飞色舞地讲了起来。

"我让农民在冬天也不休息，利用农闲时间，上山砍柴卖钱……"解扁讲个不停，忘乎所以，手舞足蹈起来。

魏文侯早已皱起眉头，生气地对解扁说："我来问你，那些种田的农民春天时都干什么？"

解扁一时丈二和尚摸不着头脑，疑惑地回答说："犁地、播种呀！"

魏文侯又问："农民们在夏天时干什么？"

解扁答道："锄草、施肥。"

魏文侯又问："秋天时，农民们干什么？"

解扁答道："秋天庄稼熟了，抓紧时间收割呀！"

魏文侯接着说："正是这样，农民们一年四季里只有冬天田

【历史补遗】

魏文侯守信，最早见于《韩非子·外储说左上》，后经改写又载于《资治通鉴》。《韩非子·外储说左上》记载：魏文侯同管理苑囿的官吏约定了打猎的时间，第二天不巧刮起大风，随从的侍臣都劝文侯不要去打猎了，文侯不听，说："不可以因为风大的缘故而失信于人。"于是自己驾着马车，顶着大风赶去，告诉管理苑囿的人员，取消了这次打猎活动。

战国 魏国安邑布

间没什么农活可干，才有一点休息时间，休养生息，以利明年种好地。这个时候，你却逼着他们上山砍柴卖钱，这样一来，虽然增加了财赋收入，但是农民们一年四季就没有一点休息的时间了！"

"这……"解扁无言以对，脸红了。

魏文侯又接着说："这不是把农民弄得疲惫不堪吗？到农忙季节，农民们哪里还有力气耕田，这不是杀鸡取卵吗？"

结果，解扁非但没有受到奖励，反而被罢了官。

魏文侯教育大臣爱护老百姓。派到中山任相的大臣李克积极执行文侯关心老百姓疾苦的政策。

· 国学百科

【以史为鉴】

李克"识人五法"：据《史记·魏世家第十四》记载，魏文侯在用魏成还是翟璜为相的问题上犹豫不决，于是征求李克的意见。魏文侯谓李克曰："先生尝教寡人曰'家贫则思良妻，国乱则思良相'。今所置非成则璜，二子何如？"李克曰："君不察（考察）故也。居视其所亲（亲近），富视其所与（结交），达视其所举（推举），穷视其所不为，贫视其所不取，五者足以定之矣，何待克哉！"文侯

战国 黑陶鸭形尊

一次，李克发现苦陉（xíng）县县令上交的财赋也增加了许多。李克认为这是苦陉县令多向人民收税的结果，便找来该县令，语重心长地对他说：“讲起话来头头是道，听起来悦耳，但不合乎仁义道德，这叫做欺诈不实的言论，正直的人是不会相信的。”

苦陉县令点头称是：“大人说得对。”

李克又接着说：“苦陉县没有高山、森林，也没有沼泽，物产并不丰富，农民只靠种地生活，可是财赋却很多，这一定是用不正当手段得来的，正直的人是不会接受的。你还是不要向老百姓收取那么多赋税吧！”

苦陉县令听完李克的话，惭愧地低下头，于是取消了不该多收的赋税。

魏文侯关心老百姓疾苦，老百姓日子越过越好，国家也日益富强起来。

· 国学百科

曰：“先生就舍（回家），寡人之相定矣。”

【历史人物】

李克：战国初魏国人。子夏弟子。魏文侯攻灭中山，他因人推荐，任中山相，颇有政绩。

刘向·说仁

刘向将仁分为大仁、小仁，而小仁需服从"大仁"。"孔子说：住的地方，要有仁德，这才好。选择住处，没有仁德，怎么能是聪明呢？仁者一定用自己的心推想别人的心之后才去做，行一不义，杀一无辜，虽然因此而得到高官显位，但仁者是不会去做的。有大的仁爱的人，爱他附近的人又广及离他很远的人，以及那些与他不和谐的人，则牺牲小仁以就大仁。有大的仁爱的人，恩惠普施四海，有小的仁爱的人，仁爱仅给他的妻子和儿女。"（《说苑·贵德》）

· 国学百科

刘向（约前77～前6年）：西汉经学家、目录学家、文学家。字子政，沛（今江苏沛县）人。治《春秋穀梁传》，亦好《左氏传》。撰成《别录》，为中国目录学之祖。又编有《楚辞》。另有《新序》、《说苑》等，今存。又有《五经通义》，已佚，清马国翰《玉函山房辑佚书》辑存一卷。

　　"孔子曰：'里仁为美，择不处仁，焉得智？'夫仁者，必恕然后行，行一不义，杀一无罪，虽以得高官大位，仁者不为也。夫大仁者爱近以及远，及其有所不谐，则亏小仁以就大仁。大仁者恩及四海，小仁者止于妻子。"（《说苑·贵德》）

　　《说苑》：西汉刘向撰。原二十卷，后仅存五卷，经宋代曾巩搜辑，复为二十卷。内分君道、臣术、建本、立节等二十门，分类纂辑先秦至汉代史事和传说，杂以议论，借以阐明儒家的政治思想和伦理观念。刘向又编有《新序》一书，性质与此相类。今人有《说苑疏证》。

叔敖仁爱开山泽

冬天来临了，北风呼呼地刮着，吹在人的脸上、身上，冰冷刺骨。光秃秃的树木在冷风中颤抖着，河面上也已结了一层厚厚的冰。

这一日，一群人被紧绑着押送到楚国宰相孙叔敖的府门前。他们都是贫苦农民，衣衫单薄且破烂不堪。尽管已是寒冬，可是他们仍没有棉衣穿。阵阵寒风吹来，他们冻得直打哆嗦，真是非常可怜。押解他们的士兵拿着鞭子恶狠狠地抽打他们，嘴里还不停地骂着。可怜的农民们跪在地上，不住地叩头求饶。

宰相孙叔敖刚刚吃过早饭，正坐在书房里看书，听到府门前吵吵嚷嚷，骂声和哭声连成一片。他感到很奇怪：是谁敢在这里胡闹呢？于是，他来到府门前，看到了这样的场景。

·国学百科

【历史钩沉】

本历史事例出自《史记》卷一百一十九《循吏列传》，关于孙叔敖的史实记载另见于《吕氏春秋》、《淮南子》、《说苑》、《新序》、《韩诗外传》等典籍。

【历史人物】

孙叔敖：春秋时楚国期思（今河南淮滨东南）人，蒍氏，名敖，字孙叔，楚庄王时官令尹。为政注重法治，任用贤能。曾在邲之战中率军大败晋军。又在期思、雩娄（今河南商城

春秋 楚式铜方壶

孙叔敖赶紧喊道："住手，不要打他们！你们为什么这么做？"

士兵们见到宰相，赶紧住了手，齐声禀告道："这群刁民违反官府禁令，而且不听劝告，竟敢到官府管辖的山上去打柴，被我们发现了，就绑送过来，请大人发落。"

孙叔敖转身问农民："是像他们说的那样吗？"

农民们哭着说："是我们不对，请求大人饶了我们吧！"

孙叔敖问："你们不知道官府禁止农民上山打柴、下河捕鱼吗？"

"我们都知道。"

"那你们为什么明知故犯呢？"

"我们实在没有办法啊！到了冬天，天气这么冷，可是我们家中没钱烧暖炉，身上没棉衣，整天冻得发抖。我们不得不违令上山打柴。求大人饶了我们吧！"农民们声泪俱下地恳求说。

孙叔敖听了农民的话，沉思不语：是啊，这么冷的天，农民们上山打柴，烧火取暖，算不上什么大错啊！其实是我的责任。身为宰相，不知道体恤民情，反而让百姓忍饥受冻，多么不应该啊！

· 国学百科

东）兴修水利。开凿芍陂（今安徽寿县安丰塘），蓄水灌田。

【历史补遗】

据汉代刘向《新序·杂事一》记载，孙叔敖小时候到外面游玩，看见一条长着两个头的蛇，就杀了蛇并把蛇埋了，回家后忧伤得哭了起来。母亲问他原因。他说："我听说见了两头蛇的人一定会死，现在我见到了，我害怕会抛下母亲先死了。"母亲问他蛇现在在哪

战国 楚龙形玉佩

想到这些，孙叔敖大声说："快快松绑！大家快起来吧！这不是你们的错。身为宰相，我早应考虑到这些情况。从今天起，官府会开放山林川泽，你们可以自由地上山打柴、下河捕鱼了。"

农民们简直不敢相信自己的耳朵。他们心想：宰相不但不治罪，而且决定开放山林川泽，真是对百姓太好了！他们齐声欢呼，感激宰相体察民情，施恩爱民。农民高高兴兴地回家了。

自此以后，楚国彻底开放了山林川泽，百姓们可以自由地上山打柴，下河捕鱼了。

孙叔敖虽然位高权重，但从不强令禁止百姓做什么事，而是慢慢地训导，让百姓自觉转变，走上正轨。

有一次，楚王认为国内用的车太低了，决定下令让全国改造高车。他召来孙叔敖

·国学百科

里，他回答说："我害怕后来的人又见到这条蛇，已经把它杀了并埋了起来。"母亲说："我听说做善事的人，一定会得善报。你一定会在楚国兴旺发达。"后来孙叔敖果然当了楚国令尹，掌管楚国的大权。

【历史补遗】

据《韩非子·外储说左下》记载：孙叔敖出任楚相（令尹），清正廉洁，出行坐的是母马拉的简陋的车子，饮食不过是粗粮烙的饼、菜叶煮的羹和干鱼做的饭

战国 楚式剑

说："明天传我的命令，让全国都必须增加车的高度，否则严厉地惩罚。"

孙叔敖赶紧劝谏："大王不应该这样以严令教民服从，这样民众会难以接受的，即使服从了，心里往往有怨气。"

楚王问："那么你说应该怎么办呢？"

孙叔敖说："应该采用训导的方法。建议把街巷两头门限提高，乘低车的都过不去，时间不久，他们自然会改造高车。人人效仿，全国的车子渐渐都会高起来。"

楚王听从了孙叔敖的建议。果然，半年后，全国的车都高起来了。楚王大喜，称赞道："孙叔敖可真是懂得民心的好宰相啊！"

孙叔敖身为宰相，善于体察民情，以仁治民，实行仁政，真可谓"仁人贤相"了。

· 国学百科

菜，冬天穿羊皮衣，夏天穿葛布衣，面带饥色。据《列子·说符》记载，孙叔敖生病将死之时，告诫他儿子说：如果我死了，大王就会封给你地。你一定不要接受好地方。楚越之间有个叫寝丘（今安徽临泉）的地方，那里土地不肥沃，名声很不好，你可以长久占有的只有这个地方。孙叔敖去世后，他的儿子谨遵父命，推辞了楚王所赐的好地方，请求楚王把寝丘封给他，后来一直保有这个地方。

魏母爱前妻之子

　　向来热闹嘈杂的街市，这天似乎冷清了许多。行人们互致问候后，都纷纷向知府衙门走去。高挂"回避"、"肃静"牌子的衙门前，一反往日的冷落，已是人山人海，人们翘（qiáo）首相问："这儿到底发生了什么事？"

　　厅堂之下，一个瘦弱的女人正在向办案的官员哭诉："大人，孩子年龄还小，恳请大人能从宽处理，给他一个改过自新的机会。"

　　厅堂之下，围观的知情者也都议论纷纷："前妻的那几个孩子对继母那么不好，根本不把她看成母亲，她这么做值得吗？"

　　"像慈母这样品德高尚的继母，举世罕见，官府应该给她的儿子减刑。"

·国学百科

【历史钩沉】

　　本历史事例出自西汉刘向所著《列女传》卷一《母仪传》："魏芒慈母者，魏孟阳氏之女，芒卯之后妻也。……颂曰：芒卯之妻，五子后母，慈惠仁义，扶养假子，虽不吾爱，拳拳若亲，继母若斯，亦诚可尊。"

【历史典籍】

　　《列女传》：亦名《古列女传》。西汉刘向撰。七篇七卷。又《续列女传》一卷，著者不详。分母仪、贤

战国 鹰首提梁壶

那么，慈母是谁呢？她是魏国人芒卯（mǎo）的第二个妻子。芒卯的第一个妻子死后留下了五个儿子。

为了尽做母亲的责任，慈母在日常生活中让前妻的儿子吃的、穿的、用的都要比自己亲生儿子的好。可无论她怎样无微不至地关照他们，前妻的五个儿子也不接近慈母，有时还出言不逊，对慈母很不礼貌。

前不久，前妻的一个儿子在外面闯了大祸，按照魏国的法律应处死刑。为了救他，慈母想尽了一切办法，四处奔波。最后，只好来到官府哀求。

办案的官员也很同情慈母，说："难得你做继母的对前妻的孩子这样爱护。可是我不能违背国法，私自作出减刑的判决。"

慈母挥泪而出，跟（liàng）跟跄（qiàng）跄地回到家里。她吃不下，睡不着，喃喃自语："这叫我如何是好呢？"

左邻右舍都劝慈母说："看你瘦成这个样子，连身上穿的衣服都显得宽大了，你这又是何苦呢？他又不是你的亲生儿子。"

慈母说："我怎么可以忘记做母亲的应尽的责任呢？既然我做了他们的继母，就应按道义像孩子的亲妈一样去抚养、爱护他们。

·国学百科

明、仁智、贞顺、节义、辨通、孽嬖等七门，共记一百零五名妇女事迹。此书屡经传写，今本中陈婴母及东汉以来凡十六事，均为后人所增。

【历史人物】

芒卯：亦作孟卯、昭卯。战国时齐国人。曾仕魏为司徒、魏相。

魏安釐（lí）王（？～前243年）：战国时魏国国君，名圉（yǔ），魏昭王子。魏安釐王四年（前

战国 国子鼎

只爱自己亲生的儿子，不爱前妻留下的儿子，怎么能算是一位仁慈的母亲呢？"

"前妻的孩子把慈母折磨成这个样子，也够可怜的了，再这样下去，她非得病倒不可。"

"可是，国家的法律谁敢更改呀？"

人们议论纷纷。

慈母仁慈爱护前妻五个儿子的事迹，左邻右舍都知道了。渐渐地，有关慈母的事一传十，十传百，越传越广，魏国的很多百姓都开始议论这件事。

后来，这件事让魏国安釐王知道了，很受感动，他想："慈母尊德乐义，能够做到这种地步，怎么能不给她些安慰呢？"

·国学百科

273年），魏、赵攻韩华阳（今河南新郑北）。秦将白起等救韩，大败魏将芒卯，斩首十三万。

【历史补遗】

魏安釐王听说了这件事后，赞叹慈母的德行义举，并说："后母有这样的高义，怎么能不赦免她的孩子呢？"于是赦免了慈母的孩子，恢复他们完整的家庭。从此之后，

战国 云兽纹青玉璜

为了给全国做继母的树立一个好的榜样，改变社会上虐待前妻子女的不良风气，安釐王决定把这件事按特殊案件处理，下令赦免了前妻的儿子。

前妻的儿子被释放回家后，进屋便扑在慈母怀里，悔泪横流，说道："多谢母亲相救之恩，孩儿不懂事理，过去太对不起母亲了。"

"事情已经过去了，但一定要汲取教训，好好做人。"慈母宽厚地抚摸着终于明白事理的儿子，热泪滚滚而下。

前妻的另外四个儿子也被这件事感化了。从此以后，前妻的五个儿子常常围在慈母的身边嘘寒问暖，和和睦睦。他们对待慈母就像对待自己的亲生母亲一样，一家人和和美美。

爱前妻的孩子甚于自己的孩子，这是人世间大仁大义的美德。慈母以仁爱之心抚育前妻的儿子的事迹，感动了许多人，为后人树立了一个好继母的榜样。

· 国学百科

这五个孩子都非常亲善孝顺后母，慈母即以礼义来教育引导他们。在慈母的训导下，慈母家的八个孩子都成了魏国的大夫卿士。

王通·说仁

王通主张，人不能以智代仁，人不管如何聪慧，但离开仁，智则无用。"薛生说：'智可以独立发展吗？'孔子说：'用仁来守护智，没有仁爱的人智就会停止，哪里会独立发展呢。'"（《中说·问易》）

他主张，为了达到仁，应不惜牺牲自己的性命。"为求生而败坏仁的人，他的行为不是最愚蠢的吗？为了仁爱而牺牲自己的性命，这不正是中正之人的行为吗？在孔子门下求学的人，没有不中正的。"（《中说·事君》）

· 国学百科

王通（584～618年）：字仲淹，隋绛州龙门（今山西河津）人。主张儒、佛、道三教合一，但以儒学为主，以"明王道"为己任，欲重振孔子之学，当时有"王孔子"之称，后世有"汾河道统"之誉。今人研究王通的思想主要依靠《中说》一书。

"薛生曰:'智可独行乎?'子曰:'仁以守之,不能仁则智息矣,安所行乎哉?'"(《中说·问易》)

子曰:"爱生而败仁者,其下愚之行欤?杀身而成仁者,其中人之行欤?游仲尼之门,未有不治中者也。"(《中说·事君》)

《中说》:亦称《文中子》。隋王通(门人私谥"文中子")语录。由其子福郊、福畤记述。共十卷。文体模拟《论语》。以气、形、识作为天、地、人的特点。提出儒、佛、道"三教于是乎可一矣"的主张,试图从理论上调和"三教"。

荀子仁战为百姓

大思想家荀子生活在诸侯国拼命厮杀、你争我夺的战国时代。

荀子常游历各地，所到的地方哀鸿遍野，尸骨成堆，人烟稀少。他每每看到这种凄惨的景象，一股悲凉就会袭上心头。

荀子冷静地想：都是无休无止、烽烟四起的战争，造成这样萧条的景象。可怎样制止这些令生灵涂炭的残酷战争呢？他苦思冥想，终于提出了仁战的主张。

荀子实在不忍心看到老百姓继续遭受战乱所带来的巨大痛苦，便决定周游各国，规劝各国都讲仁战。

有一次，荀子来到赵国。正巧楚国的将军临武君也在赵国。赵国国君孝成王正在谋求强国的妙策，听到二人到来，立即盛情招待了他们。

· 国学百科

【历史钩沉】

本历史事例出自《荀子·议兵》，主要阐述了荀子的军事思想。荀子把军事和政治紧密联系在一起，认为仁人之兵、王者之师是战无不胜的，用兵的关键在于"壹民"、"附民"，争取民心。强调礼义在军队建设中的作用，认为礼义是治军的根本，是军队战斗力和战争胜败的决定因素。只有用道德兼并他国，安抚人民，才能"大凝"。

荀子

孝成王把他们请到富丽堂皇的宫殿，虚心地向他们请教用兵的要领。

临武君傲慢地说："用兵的要领有二：一要有好运气，二要占据有利地势。"

荀子不同意临武君的意见。他反驳说："如果各国无休止地争战，尔虞我诈，不讲信用，得不到人民的拥护，那么就算运气好、地势有利，最终也必然失败。因此，我认为用兵的要领只有一点，那就是必须得到人民的拥护。"

临武君看到孝成王津津有味地听着荀子讲话，心里酸溜溜的。但他不甘示弱，进一步争辩说："不。我认为作战的要领只有一点，就是趁对方没有防备时，偷偷地进攻。"

荀子一向反对不讲仁义的做法，听到临武君讲要偷偷进攻别国，非常气愤。他坚决地反驳说："对讲究仁义的军队，用欺骗手段是无济于事的。因为讲仁义的军队，官兵一心，上下一致。在同敌人交锋时，队伍行列整齐，纪律严明；士兵作战勇敢，不怕牺牲。这样的军队像一把锋利的宝剑一样，刺入敌人的心脏，敌人必然溃不成军。"

· 国学百科

战国 银镶嵌有翼神兽

【历史人物】

赵孝成王（？～前245年）：战国时赵国国君。名丹，赵惠文王子。公元前265～前245年在位。即位初，由母惠文后专权。秦赵长平之战，赵丧士卒四十余万，国力大衰。后期重用廉颇，屡破燕军。

【历史词条】

尔虞我诈：尔，你。虞、诈，欺骗。你欺骗我，我欺骗你，指互相猜疑，互相欺骗。出自《左

"再厉害的部队也经不住偷袭。"临武君变得迫不及待了。

荀子知道，像临武君这样好战的人，为了达到自己的目的，什么卑劣的手段都会使出来的。但他坚信，广大人民才是决定战争胜败的根本力量。他继续说："讲仁义的军队必然会得到人民的全力支持。其实，早在敌人偷袭前，老百姓就已摸清敌人的底细，并主动报告给己方军队。等敌人来攻时，军队早已做好充分准备，以迅雷不及掩耳之势痛击敌人。这样，最终失败的还是敌人。"

孝成王听了荀子的话，深受启发。他按照荀子的方法训练军队，果然屡次击败了入侵的敌军。从此，赵国实力大增，成为强盛

· 国学百科

传·宣公十五年》："我无尔诈，尔无我虞。"

哀鸿遍野：哀鸿，哀鸣的鸿雁。"哀鸿"一语出自《诗经·小雅·鸿雁》："鸿雁于飞，哀鸣嗷嗷。""嗷"，同"嗷"。后以"哀鸿"比喻流离失所的难民。比喻在天灾人祸中到处都是流离失所、呻吟呼号的难民。

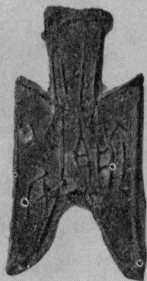

战国 赵 "榆半"尖足布

的国家。

赵国的成功使荀子的仁战主张的影响越来越广泛。荀子的学生也对仁战的主张产生了浓厚的兴趣。他们学习老师的思想，希望能像老师一样把思想运用于实践中去。

一天，荀子正在讲他的仁战思想，学生陈嚣提出了一个尖锐的问题。他问荀子："老师，您讲用兵时又常常要提到仁义信用。可是，用兵就是打仗，就是杀人，而讲仁义信用是要爱护人民、取信于民，这不是互相矛盾吗？"

荀子觉得陈嚣的问题提得很好，就趁着这个机会给学生们解释道："讲仁义信用，确实是要爱护人民。可是，大家想想，要爱护人民，不惩罚那些残害人民的坏人能行吗？不用正义的战争驱逐敌人，敌人会自动撤退吗？更重要的是，人民也会加入这种正义的战争。只有这样，人民才会过上幸福的生活。"

荀子的仁战主张告诉我们，人民的力量是不可战胜的，战争的最后胜利永远属于爱护人民的军队。

汉文帝爱民如子

汉文帝是一个讲求仁义、关心民众疾苦的皇帝。

有一天，汉文帝临朝听政，问文武大臣："今天有什么事要禀告我吗？"

"皇上，我有一件事要启奏。"

文帝一看，是掌管土木建筑的大臣，便问："你有什么事情？"

"我想请皇上批准建一座露台。"

"建露台有什么用呢？"

"建一座露台，上面盖上凉亭，种上花草，您夏天可以在此乘凉避暑。"

文帝问众大臣："你们认为怎么样？"

· 国学百科

【历史钩沉】

本历史事例出自《汉书》卷四《文帝纪》：汉文帝在位二十三年，宫室、苑囿、车骑、服御，一样也没有增加。每当出现于民不利的事情时，屡屡让利于民。他曾经想建造一座露台，召工匠计算了一下，将花费一百斤黄金。汉文帝说："百金，中人十家之产也。吾奉先帝宫室，常恐羞之，何以台为！""身衣（穿）弋（黑色）绨（厚缯），所幸慎夫人衣不曳（yè，拖）地，帷

西汉 "文帝行玺" 金印

有一位大臣反驳说："皇上经常训诫我们要节俭。建露台花费大约一百斤黄金，我认为最好不建。"

"这对皇上是区区小事，皇上应该好好享受嘛！"

"不能因为追求享受就随便花钱，建露台的钱相当于十户中等人家的财产，这可以救济多少劳苦百姓啊！"

于是，大臣们分为两派，一派积极赞成修露台，一派表示强烈反对。

文帝说："我认为就不要建露台了，随便花这么多钱，不如拿来救济百姓，我们一定要节俭啊！"

管土木的大臣又说："宫殿好多地方都坏了，需要修补。"

文帝说："修补也要花很多的钱，还要役使民众，我看就不用修补了。我住在先帝的宫殿里，常常觉得自己不配，怎么能再奢侈浪费呢？"

汉文帝非常关心民众的生活。有一年，全国发生大旱，接着蝗虫成灾，农民的庄稼先是旱死了不少，后来又被蝗虫吃了一大半，这一年庄稼收成很少。汉文帝召集众大臣商议对策。

文帝问："现在外面的蝗灾怎么样？"

帐无文绣，以示敦朴，为天下先。"《史记·孝文本纪》亦有记载。

【历史人物】

汉文帝（前202～前157年）：即刘恒。西汉皇帝。高祖之子。公元前180～前157年在位。吕后死后，周勃等平定诸吕之乱，他以代王入继皇帝。执行"与民休息"的政策，减免田租、赋役和刑狱，经济有较大发展。又削弱诸侯王势力，以巩固中央集权。

汉文帝

"灾情严重，蝗虫特别多，几乎把庄稼都吃光了。"

"农民手里还能收一些粮食吗？"

"很困难，即使打了一些粮食，也不够交租。"

文帝伤心地说："老百姓真苦啊，今年蝗灾这么严重，看来收成肯定不行了。你们有什么好办法吗？"

"我们也没有什么好办法，眼下快到收租的时候了，农民交什么呢？"

文帝沉思了许久。老百姓今年这么苦，一定不能再收重租了。可是，皇宫粮食也不多了，如果不收租，皇宫费用从哪里来呢？

· 国学百科

后世史家将其与景帝统治时期并举，称为"文景之治"。

【以史为鉴】

据《史记·张释之冯唐列传》记载，汉文帝有次经过中渭桥，有个人从桥下走出来，惊了皇帝的乘舆，因而被捕。廷尉张释之审查，知其并非故意惊驾，只处以罚金。文帝生气，以为罚得太轻。张释之认为，"法者天子所与天下公共也"，不能因人而异，如果随便更改，"天下用法皆为轻重，民安所措其手足"。文帝称是。有人偷了高祖庙座前的玉环，廷尉张释之定了弃市罪。文帝以为轻了，说要族诛。张释之说，偷玉环就株连

最后，文帝下定决心。他对大臣们说："我已认真考虑过了，首要的问题是让农民活下去，一定要有饭吃。今年灾情这么严重，我看今年的租税就不收了。"

什么？不收租税？大臣们都不敢相信自己的耳朵，皇上不能只顾百姓而不顾皇宫生活吧，皇宫怎么办呢？大臣官员吃什么呢？大臣们你看我，我看你，一时都愣住了。

文帝猜透了他们的心思。他说："今年不收租，开放山林川泽，百姓可以自由地采野果、捕鱼。至于皇宫费用，应大量削减，把多余的人都撤了。"

大臣们终于明白了文帝的意思，要关心民众，以民众为主啊！

后来，汉文帝的措施都得到实施，国家顺利地度过了灾年。

汉文帝讲求仁义，注意节俭，所以他在位期间，天下安宁，家家丰裕，人人富足。

全家族，如果偷更多更大的怎么处治？文帝只好同意。

柳宗元·说仁

　　孟子说仁、义、忠、信是天爵，柳宗元不同意这一观点。他认为仁、义、忠、信不是先验的，是前人为了公开证明自己没有隐私，昭显自己永不泯灭的志向。"仁义忠信，孟子把它说成是人先天就有的，说得并不全对。"（《柳宗元集》第三卷《天爵论》）他提出："圣人施行教化，树立中正之道垂示后人。称为仁，称为义，称为礼，称为智，称为信，这叫做五常，意思是说可以作为平常的行为准则。"（《柳宗元集》第三卷《时令论下》）而仁义，是圣人之道或中道的核心。他说："圣人之所以能被天下人称为圣人，主要是因为圣人提出仁与义的思想。"（《柳宗元集》第三卷《四维论》）他提出要推行宽松祥和的仁政，"既能做到宽厚，又能做到仁德，在民众中得以彰显"（《柳宗元集》第一卷《贞符并序》），这样统治者就会得到人们的拥护。

·国学百科

　　柳宗元（773～819年）：唐代著名的文学家。字子厚，河东（今山西永济）人，世称"柳河东"。柳宗元与唐代的韩愈，宋代的欧阳修、苏洵、苏轼、苏辙、王安石和曾巩，并称"唐宋八大家"。著作有《永州八记》、《天说》、《天对》和《河东先生全集》等。

"仁义忠信，先儒名以为天爵，未之尽也。""故善言天爵者，不必在道德忠信，明与志而已矣。"（《柳宗元集》第三卷《天爵论》）

"圣人之为教，立中道以示于后。日仁、日义、日礼、日智、日信，谓之五常，言可以常行者也。"（同上，《时令论下》）

"圣人之所以立天下，日仁义。"（同上，《四维论》）

"克宽克仁，彰信兆民。"（《柳宗元集》第一卷《贞符并序》）

天爵：战国孟子用语。指仁、义、忠、信，是上天授给人们的爵位。

不爱金银的皇帝

正是春意盎然的时节，芬芳的花儿竞相吐艳，草木都透着浓浓的绿意，到处都是一派生机勃勃的景象。

在皇宫的一个后花园里，有一对中年夫妻在辛勤地劳作着。只见男的正在耕地，女的则在采摘绿绿的桑叶，两人说说笑笑，特别兴奋，没有一点劳累的样子。

恐怕谁也没有想到，这一对中年夫妇就是汉景帝和皇后。他们非常节俭，亲自耕田，采桑喂蚕，用自己织的布做祭服。他们通过亲自劳动来做示范，号召天下人都注意节俭，发展生产。

有一次，汉景帝召集文武大臣们商议国家大事，他问大臣们："你们说天下所有的东西，什么最珍贵？"

大臣们都暗暗发笑，心想：今天皇上是怎么了？怎么问起这么

·国学百科

【历史钩沉】

本历史事例出自《汉书》卷五《景帝纪》。（汉景帝后元二年）夏四月，诏曰："……朕亲耕，后亲桑，以奉宗庙粢盛（zī chéng，用来祭祀的谷物），祭服，为天下先；不受献，减太官，省徭赋，欲天下务农蚕……"（汉景帝后元）三年春正月，诏曰："农，天下之本也。黄金、珠玉，饥不可食，寒不可衣，以为币用，不识其终始。间岁或不登，意为末者众，农民寡也。其令郡国务劝农桑，益种树，可得衣食物。"

西汉 铜羊尊灯

简单的问题？他们异口同声地说道："黄金白银。"

汉景帝又问："还有呢？"

"还有珠宝玉石。"

"还有吗？"

大臣们都不做声了——世界上不是金银财宝最珍贵吗？除此之外还能有什么呢？

汉景帝看着大臣们，心里也觉得好笑，这么多人怎么没有一个答对的呢？

这时，一位老大臣对皇上说："我们这些人都比较笨，请求皇上指点天下最珍贵的东西是什么。"

汉景帝微微一笑，说道："我认为天下最珍贵的是农业。"

大臣们都大吃一惊：怎么说农业最珍贵呢？一斤黄金能买好多粮食，还是黄金珠玉最珍贵啊！

汉景帝接着说："农业是天下的根本，即使别的什么都没有了，可就是不能没有农业。你们想，一旦没有了农业生产出来的粮食，我们不就都得饿死吗！没有农业生产出棉花，我们不就都冻死了吗！"

· 国学百科

西汉 耧车复原图

【历史人物】

汉景帝（前188～前141年）：即刘启，西汉皇帝，文帝之子。公元前157～前141年在位。继续实行"与民休息"的政策，改田赋十五税一为三十税一。实行"削藩"，平定吴楚七国之乱，遂将诸侯王任免官吏的权力收归中央，王国行政由中央所任官吏处理。后世史家将其与文帝统治时期并举，称为"文景之治"。

大臣们都点头称是。

景帝又说："你们说黄金珠玉珍贵，可是饥饿的时候不能当饭吃，寒冷的时候不能当衣穿。这怎么会是天下最珍贵的呢？所以，天下最珍贵的还是农业。"

汉景帝的一番话说得大臣们心服口服。汉景帝真是难得的一位不爱金银财宝的皇帝啊！

汉景帝既然认为农业是天下的根本，就非常注重发展农业，为让农民过上好日子，他经常找大臣们商议发展农业的措施。

有一次，他又召大臣们就发展农业生产献计献策。他问："你

· 国学百科

【历史百科】

文景之治：西汉文帝、景帝为稳定和巩固其统治，在汉初社会经济衰敝的情况下，采取"与民休息"、"轻徭薄赋"政策，使生产逐渐得到恢复和发展。当时土地开辟，人口增加；国家的资财也积蓄较多，出现多年未有的富裕景象。被誉为"文景之治"。

西汉 朱雀灯

们有什么好办法发展农业吗？说出好办法我会奖赏你们。"

"劝农民多多开垦荒地，增加耕地面积，就可以多打粮食。"

"对农民不要征收太重的租，可以提高农民生产的积极性，否则，农民打的粮食都交租了，谁还愿意干啊！"

"鼓励农民多多地种桑树养蚕，种棉花织布。"

汉景帝说："好，这些办法都很好，应该马上就实行。另外，还要重视农忙，在农忙时节一定不要侵占农民的劳作时间。国家有什么劳役可选在农闲时节，任何人不得随意侵占农忙时间，谁占用了，我发现了就重重治他的罪。"

由于景帝重农爱民，全国人民都注意发展农业生产，崇尚节俭，所以，天下人都吃得饱，穿得暖，安居乐业。

汉景帝以"仁爱"治国，不爱金银爱农业，关心人民生活，因此，老百姓也都感激他的恩德。

汲黯放粮不怕死

天空一直下着雨，整个河内地区（治今河南武陟西南）雨水积涝，河流暴涨。黄河发大水，巨流滚滚而下，气势汹涌，人们的房屋被冲毁了，牲畜被冲走了，庄稼被淹没了⋯⋯

人们受不了这可怕的洪水，纷纷祈求上天停止下雨：

"天啊，可怜可怜我们吧！"

"天啊，我们不要这么多雨啊！快别下雨了！"

可怕的雨水总算停止了，洪涝接着也消失了，人们满怀希望，重新恢复被水灾破坏的一切，盖了房子，买了牲畜，地里也重新种上了庄稼。但是，可怕的旱灾又一次降临大地，一连好几个月不下雨，太阳整天晒着，把地里的庄稼全部晒死了。

庄稼死光了，人们没有吃的，河内地区出现了令人惨不忍睹的

【历史钩沉】

本历史事例出自《史记》卷一百二十《汲郑列传》：河内失火，延烧千余家，上使黯往视之。还报曰："⋯⋯臣过河南，河南贫人伤水旱万余家，或父子相食，臣谨以便宜（趁便见机行事），持节发河南仓粟以振（通"赈"，救济）贫民。臣请归节，伏矫制（假借君主名义发布命令）之罪。"上贤而释之。

汉代 陶仓

景象：牲畜被吃光了，草根、树皮也被吃光了，有些地方甚至发生了人吃人的事件……

河内地区的人们绝望了，饥饿的死神撕扯着他们疲惫的灵魂，他们多么需要粮食啊！哪怕只有一小点儿，也能延缓那细若游丝的生的希望。

这时，汲黯作为汉武帝的使臣出外视察，路过多灾的河内地区，看到了枯死的庄稼、饥饿的百姓、饿死的人的尸骨。面对此情此景，汲黯想：应该赶快救济百姓，不然，百姓就活不下去了。于是，他马不停蹄地赶去河内郡府。

汲黯一到郡府，立即派人把太守叫来，让他详细汇报河内灾情。太守赶紧向汲黯汇报："先是无休止的水灾，接着又是可怕的旱灾，农民苦苦挣扎劳作，却没有收到粮食……"

"你们怎么不向皇上报告呢？"

"已经派人报告去了，过一段时间才回来。"

"太晚了，这里每天都会饿死许多人呀！"

太守吞吞吐吐地说："我们也没有什么办法啊！"

汲黯着急地问太守："这里的粮仓里有存粮吗？"

· 国学百科

【历史人物】

汲黯（？～前112年）：西汉濮阳（今河南濮阳西南）人，字长孺。武帝时，任东海太守，继为主爵都尉。好黄老之术，常直言切谏，曾指责武帝"内多欲而外施仁义"。因建议与匈奴和亲，为武帝疏远。后出为淮阳太守，在任十年死。

汉武帝（前156～前87年）：即刘彻。西汉皇帝，景帝之子。公元前141～前87年在位。在位期间接受董

"有。"

"那你们为什么不赶快救济百姓？"汲黯气愤地说。

太守看到汲黯发这么大的火，心里非常害怕。他硬着头皮说："没有皇上的命令我不敢开仓啊！"汲黯沉默了。是啊，没有皇上的命令，谁要是私自打开官家粮仓取粮食，那可是要杀头的啊！但也不能眼看着百姓饿死不管啊。汲黯的眼前又浮现出了百姓们哀怨的呻吟、痛苦的挣扎……现在是救人要紧，就算我被杀头，也要救活这些快被饿死的百姓。

想到这里，汲黯果断地对太守说："开仓！把粮食取出来救济百姓！"

· 国学百科

仲舒建议，"独尊儒术"；并采用法术、刑名，以加强统治。颁行"推恩令"，以削弱割据势力。在位五十四年。在位时期，汉朝盛极，称汉武盛世，然而史学家也常批评他过于迷信及暴虐。

【以史为鉴】

据《史记·汲郑列传》记载，汲黯与人相处很傲慢，不讲究礼数……窦太后的弟弟武安侯田蚡（fén）做了宰相，高官来谒见时都行跪拜之礼，田蚡竟然不予还礼。而汲黯求见田蚡时

西汉 文官俑

开仓？太守怀疑自己是否听错了。开仓是要被杀头的啊！他提醒汲黯说："大人，没有皇上的命令啊！""现在救人要紧，到时候皇上怪罪下来，一切后果由我承担！"

太守被汲黯的大胆果断所震慑，终于答应开仓救济百姓。河内地区的人民得到了救济的粮食，没有了饥饿的威胁，生活很快安定了下来。人们奔走相告，异口同声地称赞汲黯仁德爱民的高尚行为。

后来，汉武帝知道了这件事，非但没有惩罚汲黯，还对他大加赞赏。

仁爱有时也是要冒风险的，只有不顾个人安危而一心为民的仁爱，才是真正的大仁大爱！

·国学百科

从不下拜，经常向他拱手作揖完事。这时皇上正在招揽文学之士和儒生，汲黯便说："陛下心里欲望很多，只在表面上施行仁义，怎么能真正效仿唐尧虞舜！"皇上龙颜大怒，群臣中有人责怪汲黯。汲黯说："天子设置公卿百官，难道是让他们一味逢迎，陷君主于不义吗？何况我已身居九卿之位，纵然爱惜自己的生命，但要是损害了朝廷大事，那可怎么办！"

周敦颐·说仁

周敦颐认为，圣人以"仁"使人转向善，所有的恶都得以抑制，并且参与自然界的运行，扶持万物的生长和人类社会的进步，用仁来培育万物。"大自然用阳来生育万物，用阴来养成万物。生是仁，成是义。所以圣人在上，用仁来化育万物，用义来治理万民。"（《周敦颐集·通书·顺化第十一》）

周敦颐试图建立一个完美意义上的世界，在这个世界里，体现着中正仁义、彼此诚信的社会理想。他说："圣人之道，就是仁义中正。执守它们就会富贵，践行它们就会得到利益，将它扩大了可以与天地相匹配。"（《周敦颐集·通书·道第六》）这便确定了中正仁义在人生价值中的主导地位，成为道德的主体部分。周敦颐提出"太极一诚"学说。他认为，"太极一诚"的结果就是导致天下归仁。人们只要能做到克己复礼，行中正仁义，并将它扩大到与天地等齐，天下就是仁政了，也就是"太极一诚"。

· 国学百科

周敦颐（1017～1073年）：北宋著名哲学家，是学术界公认的理学派开山鼻祖。字茂叔，原名惇实，道州营道具（今湖南道县）人。十五岁丧父，随母移居京师开封。一生只在江西、湖南、四川、广东一带做过地方官。周敦颐自学成家，学无师传，但广览群书，儒道释均有涉猎。他对儒家学说研究尤精，一生讲学著述，弟子颇多。据说，二程曾不止一次地向他求教过。著作有《太极图说》和《通书》等，后人编为《周子全书》。晚年定居庐山，因著有《濂溪集》七卷，后人便称他为濂溪先生，并称其学为濂学。

　　"天以阳生万物，以阴成万物。生，仁也；成，义也。故圣人在上，以仁育万物，以义正万民。"（《周敦颐集·通书·顺化第十一》）

　　"圣人之道，仁义中正而已矣。守之贵，行之利，廓之配天地。"（《周敦颐集·通书·道第六》）

　　太极一诚："元极而太极"是周敦颐的宇宙构成论思想。按其《太极图说》和《通书》为一个整体，"无极而太极"和"诚"又当是相贯能相一致的，故而称之为"太极一诚"。

龚太守息盗有方

西汉宣帝即位初期，遭受连年灾害的渤海郡陷入一片混乱之中。

拿着刀、拿着剑的强盗蜂拥而起，杀人抢劫，偷盗财物，占山为王。大路上随处可见成群结队的逃生者，在刺骨的寒风中冻得瑟瑟发抖……

七十多岁的龚遂被皇帝任命为渤海郡的太守，承担起平息渤海郡混乱的重任。接到皇帝的任命后，龚遂日夜兼程，赶到京城去见皇帝。

当汉宣帝看到身材矮小、外貌平平的龚遂与自己听说的大不一样时，心想："这么一个小老头儿，能行吗？"

"现在渤海郡很乱，派了很多人去，花费了大量的钱财也不能

· 国学百科

【历史钩沉】

本历史事例出自《汉书》卷八十九《循吏传第五十九》。

【历史人物】

汉宣帝（前92～前49年）：即刘询。西汉皇帝，公元前74～前49年在位。强调"霸道"、"王道"杂治，重视吏治。曾设置西域都护，对发展西域地区的生产、保障东西商路

西汉 金石镶嵌朱雀衔环杯

平息。朕心里很担忧，你看这件事如何处理才好呢？"汉宣帝试探着问。

龚遂回答说："渤海郡地处偏远地区，本来文化就很落后，加上天灾连年，当地的官员又不怜爱灾民，灾民感到实在活不下去了，才去做盗贼的。"

汉宣帝问："如果你到了那里，准备用什么方法治理呢？"

龚遂说："皇上的意思是让我带兵打败这些盗贼，还是安抚这些盗贼呢？"

汉宣帝听龚遂这么一说，很高兴，说："我之所以决定要选拔一个有才能的人去担任渤海郡太守，为的就是安抚百姓。"

"我想，应以仁德之心去安抚渤海郡的老百姓，而不能用军队去剿灭。如果皇上赞成用安抚的办法去治理渤海郡，就不能着急，只能像解一团乱绳子一样，一步一步地慢慢来。"龚遂满怀信心。

宣帝说："可以，只要你能平息那里的动乱就行。"

龚遂接着说："不过，我有一个要求：希望主管大臣不要用通常捕捉盗贼的规定来约束我。"

宣帝说："可以，希望你能尽快启程，赶往渤海郡。"

· 国学百科

畅通都有一定作用。

龚遂（？～前62年）：西汉山阳南平（今山东邹城）人，字少卿。初为昌邑王刘贺郎中令，敢谏诤。后世将他与黄霸作为循吏的代表，并称"龚黄"。

【历史百科】

循吏：奉职守法的官吏。《史记·太史公自序》："奉法循理之吏，不伐功矜能，百姓无称，亦无过行。"

西汉 上林铜鼎

龚遂到了渤海郡后，遣走保护他的卫兵，下令各县撤回捕捉盗贼的官吏，又向郡内百姓发布新的法令。

法令宣布："从今天起，凡是手里拿着种田工具的人，都是好的臣民，过去的事情不再追究，只有那些继续拿着兵器的人才是盗贼。"

百姓看到新的法令后，便放下心来，不再担心自己被官府当成盗贼而东躲西藏。这样一来，不费一兵一卒，渤海郡的盗贼逐渐平息下来。为了使百姓永弃兵器，勤务农耕，安居乐业，使已平息下来的盗贼不再出现，龚遂下令开仓放粮以救济贫民。

龚遂自己也以身作则，非常节俭。他还经常到田间村舍了解情况，关心百姓的疾苦，

· 国学百科

作《循吏列传》第五十九。"王禹偁《凤凰陵》诗："缅怀汉循吏，史笔恐未详。"

渤海郡：西汉置郡。在今天河北省、辽宁省的渤海海湾沿岸一带。唐时以靺鞨粟末部为主体所建，初称震国。唐玄宗册封大祚荣为渤海郡王、忽汗州都督，遂名渤海。公元926年，为辽所灭。

"汉并天下"瓦当

劝导百姓精心种田。百姓有佩刀剑的，就让他们卖剑买牛，卖刀买犊。并劝他们说："你们为什么带刀佩剑，而不多准备些农具好好耕种农田呢？"

在龚遂的治理下，渤海郡的百姓都勤于农桑。龚遂在秋冬时节征收的赋税也很轻。这样，不到几年的时间，渤海郡便被治理得井井有条，百姓生活也都好了起来。整个郡内非常太平，夜不闭户，路不拾遗。龚遂也受到百姓的拥护和尊敬。

汉宣帝看到龚遂将渤海郡治理得这么好，政绩显著，便把龚遂召回京城。汉宣帝听了龚遂的汇报后，非常满意。

治理国家首先要爱护百姓。龚遂用仁爱之心对待百姓，用宽缓的办法治理渤海郡，至今被传为美谈。

国学百家讲坛

百姓送粮留太守

西汉时期，陕西左冯翊郡的官府门前，出现了一幕令人称奇的情景：平时寂静的官府门前人声鼎沸，喧闹不已。在通往官府的道路上，处处可见嘈杂喧闹的人们。人们从四面八方涌向官府。拉车的、挑担的，其中有男人，有女人，有满头白发的老人，有活泼可爱的儿童。每个人脸上都带着喜悦，似乎在完成一件了不起的任务。

这使人感到奇怪：从来都是官府逼迫百姓交租，今天人们怎么都自愿地交租送粮呢？

这都是为了太守兒宽。

兒宽生在一个贫苦农民家庭，从小就勤奋学习，在朝廷举行的考试中名列前茅，被朝廷录用，被派往陕西左冯翊郡任太守。

· 国学百科

【历史钩沉】

本历史事例出自《汉书》卷五十八《公孙弘卜式兒宽传》：兒宽表奏开六辅渠，制订治水条令以扩大溉田面积。收租税，根据季节收成裁定，不急征收，借贷与民，因此租多不入库。后有军役征发，左内史以欠租课殿，当免官。百姓听说他将被免官，都怕失去兒宽，大家出牛车，小家担挑，输租接连不断，交租税居首。皇上由此器重兒宽。

西汉 铜车马

兒宽一上任，就时刻注意以仁爱治民，关心人民生活。他常对人们讲："老百姓都要吃饭，所以，最重要的是应该把农业治理好，只有地里打出很多粮食，人们才不会挨饿呀！"

于是他积极带领农民精耕细作，发展农业生产。他发现，左冯翊郡的灌溉条件不好，遇到干旱的时候地里的庄稼就会受损失。兒宽就向朝廷上书，建议开凿了六辅渠，这样，就使全郡的庄稼即使在大旱的时候也能有很好的收成。百姓们的生产再也不受干旱影响了。

兒宽处处为老百姓着想。有一次，他负责收取全郡的租税，看到一些百姓穿得破破烂烂，流着眼泪、一脸愁容地到官府来交租。兒宽感到奇怪，就问他们："你们为什么这么忧伤啊？"

百姓们无可奈何地说："今年收成不好，就打了这么点粮食，刚刚够交官府租税的。"

"交完租你们吃什么啊？"

"没有吃的了，我们都只好饿肚子了，官府的租税是不敢不交的！"老百姓说完都呜呜地哭了起来。

兒宽感到很难过。百姓们不容易啊！就打了这么一点粮食都用

·国学百科

课殿：旧时朝廷对官吏定期考课，政绩最差的称"课殿"。

西汉 长信宫灯

【历史人物】

兒宽（？～前103年）：西汉千乘（今山东高青东北）人。治《尚书》，为孔安国弟子。元鼎四年（前113年），任左内史。在任数年间，劝农业，缓刑罚，并主持在郑国渠上流南岸开六条小渠，灌溉两旁高地，称为"六辅渠"。后任御史大夫，与司马迁等共

来交租，我作为百姓的父母官可不能让百姓饿肚子啊！

于是，兒宽下令免去这些贫困地区的租税。

兒宽爱护人民，全郡人民也非常拥护他，希望他能长久地当太守。

一天，一个坏消息使整个左冯翊郡的人民不安起来。

"听说兒宽太守将要被罢免了。"

"为什么把这么好的太守罢免了呢？"

"因为我们郡上缴的租粮太少了。"

原来，西汉法律规定，每隔几年就要对全国各郡的太守进行考核，考查每个郡上缴国家的粮食。哪个郡最多，就奖赏太守；哪个郡最少，就罢免太守。兒宽替人民着想，减免贫困地区的租粮，因

· 国学百科

同制定"太初历"。

【历史百科】

左冯翊：官名、政区名。西汉太初元年（前104年）将左内史更名"左冯翊"。职掌相当于郡太守，辖区相当于一郡，因地属畿辅，故不称郡，为三辅之一。治长安（今陕西西安西北）。东汉移治高陵（今陕西高陵西南）。三国魏去"左"字，改辖区为冯翊郡，官名为

西汉 犀牛铜尊（酒器）

此他治理的左冯翊郡上缴的粮食就比其他郡少，所以，兒宽有可能被罢免。

不安的情绪笼罩了整个左冯翊郡，人们不愿太守离开，怎样才能留住太守呢？

"太守是因为替我们着想才可能被罢免的啊！"

"太守对我们太好了，他要走了，我们以后的日子可怎么过！"

"我们得想一个办法把太守留住才对。"

"有什么好办法呢？"

"现在只有一个办法，就是大家行动起来，主动交上租粮，争取咱们郡上缴的粮食最多，这样，太守就不会被罢免了。"

于是，全郡人民行动起来，主动交粮，出现了争相向官府交粮的情景。结果，全郡上缴国家的粮食远远超过其他各郡，兒宽受到汉武帝的大力赞赏。

爱护别人的人，必然受到别人的爱戴。兒宽为政，宽厚爱民，人民也爱戴他、拥护他。

· 国学百科

冯翊太守。

六辅渠：古代关中地区六条人工灌溉渠道的总称。又名"六渠"、"辅渠"。西汉元鼎六年（前111年）在左内史兒宽的主持下，于郑国渠上游南岸开凿六道小渠，以辅助灌溉郑国渠所不能达到的高地。约起自今陕西淳化西南，至泾阳西北的云阳镇北。至唐元和中尚有留存。

王安石·说仁

王安石认为，从人格修养而言，存在着仁者和智者之分。"仁者仅次于圣人，而智者又次于仁者。没有仁者不是智者的，也没有智者不是仁者的。然而，智者和仁者又怎样区别呢？因为它们实现仁的方式不同。仁的本性，是自己所有，开始行动时不必思考，开始说话时不用选择，他所从事的事情没有不符合仁的，这就是仁者做的事情。仁的本性，是自己所没有，但自己知道什么事情是仁，开始行动时思索，开始说话时选择，做出的事情也符合于仁，这就是智者做的事情。这就是仁者与智者的差异，仁者的本性与言行都是一致的。"（《王荆公文集笺注》卷第三十《仁智》）

王安石认为，五常之中，仁最为重要。"德把仁作为主要内涵，所以君子在仁和义之间，应当归依的是仁。孔子之所以离开鲁国，学者认为是因为鲁国没有完整的礼制。所以孔子就以小的过失为理由而离开鲁国。以小的过失离开鲁国，是为了归依于仁。礼是仁的体现，智是了解仁的手段，信是仁的一个重要准则。孔子说：

· 国学百科

王安石（1021～1086年）：北宋杰出的政治家、思想家、文学家，唐宋八大家之一。字介甫，号半山，抚州临川（今江西省东乡县上池村）人。二十二岁中进士，官至参知政事、同中书门下平章事。在任宰相期间，主张革新，主持熙宁变法。他的学说被称为新学。入仕之前，饱读诗书，为他治学打下坚实的基础。入仕之后直至晚年，王安石虽宦海沉浮，几经变故，但从未间断过对儒家经典的研讨。一生著述宏富，现存有《临川集》、《临川集拾遗》、《王文公集》等。

"仁者圣之次也，智者仁之次也。未有仁而不智者也，未有智而不仁者也。然则何智、仁之别哉？以其所以得仁者异也。仁，吾所有也，临行而不思，临言而不择，发之于事而无不当于仁也，此仁者之事也。仁，吾所未有也，吾能知其为仁也，临行而思，临言而择，发之于事而无不当仁也，此智者之事也。其所以得仁则异矣，及其为仁则一也。"（《王荆公文集笺注》卷第三十《仁智》）

"德以仁为主，故君子在仁义之间，所当依者仁而已。孔子之去鲁也，知者以为为无礼也。乃孔子则欲以微罪行也。以微罪行也者，依于仁而已。礼，体此者也；智，知此者也；信，信此

'把道作为追求的目标，把德作为行为的准则，把仁作为最终的归依。'而没有涉及义、礼、智、信，他的说法就是这样。"（《王荆公文集笺注》卷第三十五《答韩求仁书》）

王安石还提出：仁者不害人。"不辱没自己，就会行为有义；不损害别人，就会行为有仁。"（《王荆公文集笺注》卷第三十八《答王伯虎书》）

者也。孔子曰'志于道，据于德，依于仁'，而不及乎义、礼、智、信者，其说盖如此也。"（《王荆公文集笺注》卷第三十五《答韩求仁书》）

"不辱己，所以为有义；不害人，所以为有仁。"（《王荆公文集笺注》卷第三十八《答王伯虎书》）

人们称他为"召父"

百姓们刚刚收割完小麦，正是农闲时节。温暖的阳光照耀着大地，树叶儿绿油油的，五颜六色的花儿竞相吐艳，空气中飘溢着阵阵沁人心脾的花香。百姓们终于可以歇一口气了。

这时，南阳的百姓中风传着一条不好的消息："太守征发我们去服劳役了。"

大家都很纳闷：我们的太守往日对百姓那么好，今天这是怎么了？

南阳太守召信臣是汉朝有名的贤臣，对待百姓特别仁慈。他今天征发百姓是要为他们做一件意想不到的事情。

等百姓们集合到太守府门前时，召信臣吩咐说："你们分批到各条要道的路边上建一些凉亭，现在是农闲时节，也不会耽误你们

·国学百科

【历史钩沉】

　　本历史事例出自《汉书》卷八十九《循吏传》。

【历史人物】

　　召信臣（？～前31年）：西汉九江寿春（今安徽寿县）人，字翁卿。元帝时，任南阳太守。曾利用水泉，开通沟渎，并筑堤闸数十处，其中以钳卢陂最著名。灌田三万多

西汉 张掖太守虎符

太多时间。"

"建这些亭子干什么呀?"有人禁不住问道。

"到时候你们就知道了。马上行动吧!"召信臣笑着说。

于是,南阳地区的各条要道上出现了热火朝天的劳动场景:运石头、搬木料、垒墙……

人们还在不停地议论:太守为什么盖这些亭子呢?

人多力量大,没有几天工夫,各条要道的路边上亭子都盖好了,太守亲自为匾额写上"离乡亭"三个大字。

盛夏季节来临了,人们此时终于明白了太守建亭子的用意:人们走在大路上,酷暑难耐,走累了,就可以到凉亭下乘凉歇息。人们不禁叹道:"还是太守想得周到啊!"

召信臣仁政爱民,经常亲自在南阳各地察看民情,为百姓办各种好事。

南阳地区经常发生春旱。一到春天,常常不下雨,真是"春雨贵如油"。每遇到这样的年景,农民的庄稼就会因干旱而减产,严重的时候会颗粒无收。

召信臣为此很伤脑筋,召集下属商量解决的办法。他问:"一

项,并订立灌溉用水制度。郡以殷富,户口倍增,时人尊称"召父"。

【历史百科】

"父母官"是人们对勤政、清廉、公正、爱民的好官的称谓,它是古代人们心中最完美的官员形象,也是百姓对官员的最高褒奖,有的"父母官"去世后百姓甚至会为他建祠祭奉。这个称谓就起源于西汉后期的召信臣和东汉时的杜诗,他们一前一后都是南阳(今河南南阳)太守。他俩廉洁

汉代 彩绘舞俑

到春天，农民的庄稼都旱死了，你们有什么办法吗？"

"我们也没有什么办法，南阳地区历来都是靠天吃饭。反正前几任太守都不管不顾，您何必管那么多呢？"

"总不能眼看着百姓受苦啊！我是百姓的父母官，我一定要管。"召信臣坚定地说。

这时，有一位下属说："关键是找到水源灌溉，这里仅有的几眼泉水早已堵塞了，根本不能用。"

召信臣听到下属的话，眼睛一亮，几眼泉水自己也察看过，还是能利用的，只要好好修整一下。

· 国学百科

奉公、施政爱民、兴修水利、造福一方，被南阳人称为"召父"、"杜母"，"父母官"的称谓从此传遍天下。

【历史补遗】

据《汉书·循吏传》记载，召信臣任南阳太守时，禁止婚丧嫁娶时奢侈浪费，致力于推行勤俭节约。对于府县官吏，如果家里有喜欢游玩的子弟，不以农耕之事作为要务的，就斥责并罢官，严重者

汉代 葵纹瓦当

于是，召信臣下令修整全南阳郡的泉源，能挖深的尽量挖深，疏通水路，还修了不少水池，将泉水蓄积在水池里，等干旱时派上用场。

经过召信臣的积极努力，全郡的泉源都得到了极好的修整，清澈的泉水哗哗地流进了农民的田地里，南阳地区的农民再也不受干旱的威胁了。

召信臣为了防止农民争水，还在田间地头树立界石，规定各家各户用水量和取水时间。一到干旱季节，农民们都按照界石上的规定，井井有条地灌溉田地，从未发生一起因争水而引起的打斗。

召信臣身体力行，关心人民的疾苦，处处为百姓着想，为百姓谋福利，老百姓非常爱戴他，亲切地尊称他为"召父"。

还要绳之以法。他的教化得到广泛推行，百姓都拥护他，南阳郡的户口成倍增加。荆州刺史上奏称赞召信臣能为百姓谋取福利，南阳郡非常富庶，皇帝赏赐召信臣黄金四十斤。

文翁兴学开教化

这是发生在西汉时期的事情。

天刚刚亮，蜀郡地区（今四川成都）的民众便轰动起来，潮水般地涌到郡府门前的一座新房子前，怀着惊奇的心情来观看本郡的一大"奇事"。不一会儿，蜀郡守文翁走了出来，人们蜂拥围上前去。郡守大声向人们宣布："这所新房子就是咱们蜀郡第一所学校。"学校！什么叫学校啊？蜀郡的人第一次听说这个名字，学校在他们心目中或许是一个新的官府机构呢！

原来，蜀郡这个地方在汉朝时还没有开化，一直处于蒙昧状态，百姓生活特别贫苦。他们根本不知道学校是什么，有什么用。文翁刚任蜀郡守，就意识到了这个问题的严重性。

有一次，有两个人打架，打得头破血流。文翁处理这件事时问

· 国学百科

【历史钩沉】

本历史事例出自《汉书》卷八十九《循吏传》。

【历史人物】

文翁：西汉庐江舒县（今安徽庐江西南）人。景帝末，为蜀郡守。以蜀地僻远，教学不兴，因派小吏至长安，受业于博士，或学律令，学成后皆署要职。又在成都市设学校，入学得免除徭役，并以成绩优良者为郡县吏。数年之后，风气大变，蜀地受学京师的与齐、鲁相

西汉 高温釉陶壶

他们："人和人之间要讲求仁义，互相谦让些，你们为什么要打架呢？"可是，那两个人都不解地说："什么叫仁义啊？我们以前从来没有听说过！"

又有一次，有父子俩吵架，一直闹到文翁那里。文翁训斥那位年轻人说："做儿子的要讲求孝悌，难道你不懂吗？""什么叫孝悌呀？"年轻人迷惑不解。

文翁通过一系列的事情觉得有必要教育开化这个地区的人民。于是，他召集下属商量这件事。他说："我看这里的人们还没有开化，应该教育训导他们。""我们也知道这回事，可是历任郡守都不管，我们何必操心呢？"文翁叹息说："这只能是当官的失误啊！如果一直不教育他们，他们什么时候才能开化呢？做百姓的父母官，一定要以仁爱为政啊！""那么我们怎样才能使这些人开化呢？"下属们问道。"我想在这儿开办一所学校。""可是到哪里找老师呢？""我们先选一批聪明好学的人到京城学习，学成后回来，就可以教育百姓了。"下属们听了文翁的主意，都非常赞成。于是，他们都争先恐后地遵照文翁的吩咐行动起来。

文翁首先挑选了一批聪明好学的青少年到京城学习，先培养学

同。后卒于蜀，成都为立祠，后称"文翁石室"。

【历史百科】

孝悌：亦作孝弟。儒家伦理思想。《论语·学而》："其为人也孝弟。"朱熹注："善事父母为孝，善事兄长为弟。"

博士：官名。源于战国。许慎《五经异义》："战国时，齐置博士之官。"《汉书·百官公卿表上》：

西汉 石猪（明器）

校的教师。接着，文翁又下令在郡守府门前建起了一座高大的房子，作为校舍。等到那些到京城学习的青少年学成回来后，文翁召集全郡的百姓到郡守府门前，宣布学校成立。

文翁在全郡的青少年中又选了一批人，作为学校的第一批学生。官府给他们很多好处，免除了他们的徭役，供给他们吃住。这些人学成后，都担任了蜀郡的官员，还负责教育训导百姓。

全蜀郡的人终于明白了什么叫学校，懂得了读书的众多好处，于是都争着上学，接受教育。

· 国学百科

"博士，秦官，掌通古今。"秦及汉初，博士的职责主要是掌管图书，通古今，以备顾问。汉为太常属官。汉武帝时，设五经博士。博士置弟子，初为五十人。自武帝后，博士专掌经学传授。唐置国子、太学、四门等博士。另有律学博士、书学博士、算学博士等。明清亦有国子博士。

西汉 彩绘陶仪仗俑

官学：中国古代历代官府所办的各级各类学校。由朝廷直接管辖的为中央官学，如西周的国学、汉代的太学、唐代

后来，文翁又在全郡办起了好多学校，使全郡的青少年都能读书学习。没过几年，蜀郡的社会风气迅速好转起来，人们生活富裕，文明有礼，相互谦让，孝敬父母，和当时文明教化较好的齐鲁等地一样出名。

文翁以仁为政，训导教化人民收到了显著的效果，至今蜀郡地区的人们崇尚文明礼貌，社会风气文明良好，不能不说与文翁训导教化的遗风有关系。

· 国学百科

的国子学、元明清的国子监等；由地方政府管辖的为地方官学，如西周的乡学、汉代的郡国学、唐代的府州县学、元代以后的社学等。

二程·说仁

程颢、程颐关于仁的解释与先秦诸儒不同。

二程认为："爱当然是情，仁当然是性，怎么可以只把爱当做仁呢？"（《二程集·河南程氏遗书》卷第十八）"自古以来都没有人解释仁的含义。"（同上，卷第十五）

二程认为，仁是人的先验本性，浑然与物同体，义、礼、智、信都是仁的体现。孔子所说的"己欲立而立人，己欲达而达人"比较接近仁的主体内涵。仁、义、礼、智、信，这五者，都是人的本性，而仁是总体，仁包含着其他四者。所以"仁，好比躯干；义、礼、智、信四者，好比人体的四肢。仁，是主体。义，是符合天理。礼，是表明差别。智，是知识。信，是真实"（同上，卷第二）。仁要从天道与人道之中把五常区分开来。五常如人的身体一样，仁是头，义、礼、智、信是四端，即人的手足，而仁是起支配作用的。

程颐认为，将博爱看成仁是不对的。博爱之中是有仁，但将博

程颢（1032～1085年）：字伯淳，学者称明道先生，洛阳（今属河南）人。神宗时为太子中允监察御史里行等。因多次谏阻王安石变法，但未被宋神宗采纳，所以请求辞官。晚年在洛阳附近为官，广收门徒，从事讲学。宋神宗去世，新法被废，程颢被升为宗正寺丞，因病未赴而卒。程颢是北宋儒学复兴运动的代表人物。著作有《答横渠先生定性书》、《识仁篇》、《明道文集》等。

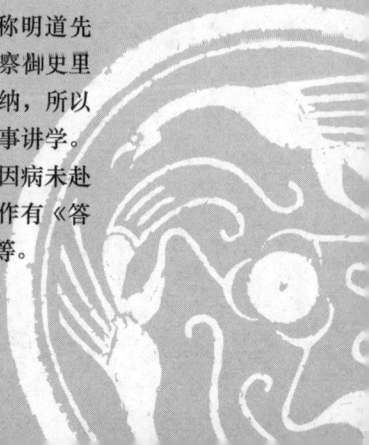

"爱自是情，仁自是性，岂可专以爱为仁？"（《二程集·河南程氏遗书》卷第十八）

"自古元不曾有人解仁字之义。"（同上，卷第十五）

"仁、义、礼、智、信五者，性也。仁者，全体；四者，四支。仁，体也。义，宜也。礼，别也。智，知也。信，实也。"（同上，卷第二）

程颐（1033～1107年）：字正叔，学者称伊川先生，洛阳（今属河南）人。历官汝州团练推官、西京国子监教授、崇政殿说书等。政治上反对王安石变法，宋哲宗时被贬于四川涪州。哲学上提出"天下之物皆能穷，只是一理"的思想。著作有《易传》、《颜子所好何学论》等。

程颢、程颐兄弟二人同学于周敦颐，同为北宋理学的奠基者，世称"二程"。他们的学说后来被朱熹所继承和发展，世称程朱学派。

爱视为仁，则不对。程颐强调，"仁"这一概念中，最为重要的是一个"公"字。"公"是仁之理。公之理落实和体现在人的身上，便是仁。他说："仁的道理，重要的是理解一个公字。公只是仁之中的道理，不能将公就称作仁。公的道理从人的身上体现出来，便是仁。只要是为了公，就可做到物我兼顾，就是仁。所以，便能做到恕，便能有所爱，恕就会对人施行仁，爱人就是仁的体现。"（同上，卷第十五）

　　"仁之道，要之只消道一公字。公只是仁之理，不可将公便唤做仁。公而以人体之，故为仁。只为公，则物我兼照，故仁，所以能恕，所以能爱，恕则仁之施，爱则仁之用也。"（同上，卷第十五）

黄霸仁爱察民心

这一天，皇上要考察全国官吏，文武大臣一早就集合在皇宫前，等候皇上临朝听政。

汉宣帝特别兴奋，吃过早饭即临朝听取文武百官汇报情况。

汉宣帝问："今年谁的政绩最大啊？""颍川太守黄霸。"文武百官异口同声地回答。汉宣帝问："何以见得？"大臣们七嘴八舌地说起来："颍川郡的人口增加最多。""颍川郡的孝子贤妇最多。""颍川郡的罪犯最少。""颍川郡的吏治最廉洁。"

汉宣帝越听越高兴，下令重加封赏颍川郡太守黄霸。

黄霸之所以受到文武百官的推崇，确实是因为他仁爱百姓，体察民情，善于整顿吏治的结果。黄霸一上任，就召集全郡官员，商量治理全郡的办法。他问："现在颍川郡主要存在什么问题呢？"

· 国学百科

【历史钩沉】

本历史事例出自《汉书》卷八十九《循吏传》。

【历史人物】

黄霸（？～前51年）：西汉大臣。字次公，淮阳阳夏（今河南太康）人。少习律令。宣帝时，任扬州刺史、颍川太守。为政外宽内明，力劝耕桑，推行教化，治为当时第一。后为御史大夫、丞相，封建成侯。后世将他和龚遂作为循吏的代表，并称"龚黄"。

汉代 陶捧盒男侍俑

"最大的问题就是吏治问题，有些当官为吏的不好好为百姓办事，反而做一些奸邪的事情。"有些正直的官员说。

"再就是全郡都不尊重年纪大的人，年纪大了没有人管。"还有些人补充说。

黄霸仔细听了官员们反映的情况，经过认真考虑，他想出了一个主意："咱们成立一个由年纪大的官员组成的机构，专门负责调查全郡的官吏执法情况，如果遇到什么不法的现象，立即向我汇报，我自会严加管理。"

黄霸又补充说："这个机构同时督促百姓发展生产，照顾老年人，使老年人都能安度晚年。"

这个机构一设立，世风果然大有改观，全郡的官吏没有一个敢贪赃枉法的，人人都能认真为百姓做事。同时，对老年人也注意悉心照顾，对贫穷的孤寡老人，官府负责赡养。从此，人们对年龄大的人也很讲礼貌了。

这个机构还督促人民进行生产，他们在乡下来回察看，劝百姓好好耕地种庄稼，家家都要养蚕、养牲畜，房前屋后都种上树……通过督促，全郡的农业生产有了大的提高，人民的生活也好起来了。

· 国学百科

【历史百科】

考绩：犹考成。考核官吏的政绩。《尚书·舜典》："三载考绩，三考黜陟幽明（指黜退昏愚的官员，晋升贤明的官员）。"《春秋繁露·考功名》："考绩之法，考其所积也。"后亦指考核工作人员的成绩。

颍川郡：郡名。战国秦王政十七年（前230年）置。以颍水得名。治阳翟（今河南禹州）。辖境相当于今河南登封市、宝丰以东，尉氏、漯河市以西，新密市以南，叶县、舞阳以北地。其后治所屡有迁移，

西汉 玉璧

黄霸还非常注重节俭，从不浪费官府的财产。

有一次，颍川郡的一位官员得了病，另外一位官员告诉黄霸，想辞去那位生病的官员。黄霸没有答应，他说："那位官员为政怎么样？""为政倒是很清廉。""他生病的时候，辞去他很不好，就留下他吧。"

那位官员不理解。黄霸向他解释说："你算一下，一个生病的官员花多少钱？"

"大约十几两银子吧！"

"假如我们再培养一个新的官员，将花费多少钱呢？""大约一百两银子。""这就对了。官府每年花在这些不必要的事情上的

辖境渐小。东魏武定时移治颍阴（北齐改长社，隋改颍川，唐又改长社，今许昌市）。隋开皇初废。大业及唐天宝、至德时又曾改许州为颍川郡。

【历史典故】

"乌衔肉"：据《汉书·循吏传》记载，黄霸为颍川太守，派了一个年长的廉吏出外察访，嘱咐他要保密。这位廉吏不敢住宿邮亭，只好在路边弄饭吃，却碰上"乌攫其肉"。这事被人看见，告诉了黄霸。那廉吏察访回来，

汉代 铜羽人

钱财够多的了，这其实都是老百姓上缴的税款，是百姓的血汗啊！所以，我们只要能节省就尽量节省一些吧！”那位官员听了，敬佩不已。全郡百姓听说后，也都称赞黄霸的仁厚节俭之德。黄霸为政，以百姓为中心，认真为百姓做事，仁爱百姓，社会安定，生产发展，不愧是一位仁人君子。

黄霸一见面就慰劳他说："你真辛苦了，在路边弄饭吃，老鸦衔走了你吃的肉！"这位廉吏大惊，以为黄霸"具知其起居，所问豪氂（厘）不敢有所隐"。

刘秀开国施仁政

春天虽然早已到来，但一望无际的平原却满目疮痍。苏醒的土地，正等待着人们的耕耘。本该是人欢马叫的春耕大忙时节，田地里却见不到一个播种的农夫，只有零乱杂草肆无忌惮地生长着。

一些骨瘦如柴、满面愁容的农民拖儿带女，到处流浪，沿路乞讨。

这一场景出现在东汉初期。

东汉的开国皇帝刘秀亲眼目睹了这一景象，他心里难受极了：这些农民真苦啊！战争使得他们流离失所，妻离子散。现在战争结束了，王莽的残酷统治被推翻了，可是农民还在到处流浪。我作为一国之君，应该想办法让农民安定下来啊！

刘秀痛下决心，一定要把东汉治理成富强的国家。可用什么办

· 国学百科

【历史钩沉】

据《后汉书·光武帝纪》记载，建武二年（26年）春，光武帝下诏曰："人情得足，苦于放纵，快须史之欲，忘慎罚之义。惟诸将业远功人，诚欲传了无穷，宜如临深渊，如履薄冰，战战栗栗，日慎一日……"建武五年（29年）五月，光武帝下诏曰："久旱伤麦，秋种未下，朕甚忧之。将残吏未胜，狱多冤结，元元愁恨，感动天气乎？其令中都官、三辅、郡、国出系囚，罪非犯殊死一切勿案，见徒免为庶人。务进柔良，退贪酷，各正厥事焉。"建

汉代 马踏飞燕

法来治理国家呢？怎样让百姓安居乐业呢？

刘秀想到了"仁政"。有一天，刘秀召集满朝文武大臣商议国策。他问大臣们："你们上任后发现什么问题了吗？"

"土地都荒芜了，没有人耕种。"

"农民都流离失所，无家可归。"

……

刘秀说："我也发现这些问题了，今天我召集你们来，就是商议怎样有效地解决它们。"

一位大臣说："现在最为关键的应该是赶紧安抚流民，让他们安定下来，然后才能发展生产。""好，你说得很对。"刘秀环顾了一下其他大臣，又问："你们有什么安抚流民的办法吗？""首先应该分给流民一些土地，有了土地才能安定下来生产。"一位大臣说。

"这一条意见很好，我会安排人分给流民一些土地耕种。你们还有什么办法吗？"刘秀用探询的眼光看着大臣们。于是，众大臣在刘秀的鼓励下，你一言我一语地说起来。

"流民手里什么也没有，国家应该租给流民粮食、种子和生产

· 国学百科

武六年（30年），光武帝下诏曰："顷者师旅未解，用度不足，故行什一之税（谓十分而税其一也）。今军士屯田，粮储差积。其令郡国收见田租三十税一，如旧制。"

东汉 陶俑

【历史人物】

汉光武帝（前5～57年）：即刘秀。东汉王朝的建立者，史上著名的中兴之主。字文叔，南阳蔡阳（今湖北枣阳西南）人。公元25～57年在位。一介布衣刘秀与

工具。"

"对，很好，既安定了流民，又增加了国家收入。"

"要使流民安定下来生产，最初几年应少收税或不收税。不然，流民劳动一年没有剩下多少粮食，他们就失去生产的积极性了。"

……

"好，你们提的建议都很好，我马上派人具体来施行这些举措，一定要让百姓安居乐业呀！"

这时，一位大臣又说："皇上，我还有一个建议。"

刘秀正高兴，便说："有什么建议快说。"

"皇上是不是该把山林川泽也放开，租给农民生产呢？"没等刘秀回答，其他大臣马上反对说："山林川泽都

· 国学百科

兄以"复兴汉室"为号召起兵，取得昆阳之战的巨大胜利。建武元年（25年）称帝，建都洛阳。在位期间，多次发布释放奴婢和禁止残害奴婢的命令，减轻赋税，兴修水利，精简官吏，生产有所恢复和发展，史称"光武中兴"。

【历史词条】

失之东隅，收之桑榆：东隅，东方太阳升起的地方，指早晨。桑榆，日影落在桑树榆树之间，借指傍晚。指在此时此地遭到失败、损失，而在彼时彼地得到补偿。据《后汉书·冯异传》记载，东汉初年，光武帝刘秀

是国家专门经营的财产，不能分给农民。"

提出建议的大臣反驳道："山林川泽现在闲着没人管理，租给农民，还可以收一部分税，有什么不好呢？"刘秀一听有理，就说："这一条建议很好，立即执行。"

于是，一系列安抚流民、发展生产的措施迅速实施。农民得到了土地、农具等，生产积极性提高了，没过几年，就都安居乐业了。

刘秀关心农民，以仁慈之心治理国家，很快就赢得了百姓的支持，建立起繁荣昌盛的一代王朝。

派大将冯异与邓禹去围剿赤眉军，邓禹与义军交战后不幸损兵折将，冯异命令部队加强防御，收拢溃散的散兵，同时派军人装成赤眉军打入其内部，结果大获全胜。光武帝下诏表彰他们的战斗是"失之东隅，收之桑榆"。

汉代 投壶画像石拓片

有志者事竟成：有志气的人终究会取得事业的成功。《后汉书·耿弇（yǎn）传》："将军前在南阳，建此大策，常以为落落难合，有志者事竟成也！"

胡宏·说仁

胡宏继承了孔孟的思想，认为仁是天地之心。"仁是天地的心脏。心脏如果不能正常使用，那么就会有不仁的人。"（《胡宏集·知言·天命》）

仁是发自人的内心的，是纯正的，仁者不能有一己之私。要做到克制自己的私欲，返回到礼的规范的地方，这才是真的可以见到的仁人的心。心中有不仁，就会有损害仁的言行，心中本来不应有不仁的地方，这是很重要的，不能在认识上有毫厘的差别。仁也是修身立家治国的根本。"让天下后世都知道物质上的强大威力是不可依靠的，士人立身处世，大夫治理家庭，诸侯治理国家，皇帝拥有整个世界，必然要把仁义作为根本。"（《胡宏集·知言·天命》）

作为人主，能否行仁政，是衡量其是否合格的标准。"万物都是为人而准备的，物质准备不充分，就不符合仁的要求；所有的人民会合起来就会有君主来统领他们，有一个人不归附，就不是真正的君主。"（《胡宏集·知言·天命》）

· 国学百科

胡宏（1106～1162年）：字仁仲，号五峰。南宋学者。绍兴间，曾上书论抗金复仇。先后从杨时、侯仲良读书。以"天命"即"性"，"性"即"心"，强调"圣门功夫要处只在个敬"。著有《知言》、《皇王大纪》、《五峰集》。

　　"仁者，天地之心也。心不尽用，君子而不仁者，有矣。"（《胡宏集·知言·天命》）

　　"使天下后世晓然知强大威力之不可用，士所以立身，大夫所以立家，诸侯所以立国，天子所以保天下，必本诸仁义也。"（《胡宏集·知言·天命》）

　　"万物备而为人，物有未体，非仁也。万民合而为君，有一民不归吾仁，非王也。"（《胡宏集·知言·天命》）

乐羊子妻巧劝夫

东汉时期，有一个叫乐羊子的读书人。有一天，他在回家的路上拾到了一块金子，非常高兴。他一路跑回了家，一进门，就迫不及待地大喊："夫人，好消息，这下我们可发财了！"乐羊子妻正在织布，听见丈夫的喊声，急忙从屋里走出来，看见乐羊子手里拿着一块黄澄澄的金子。乐羊子见妻子出来，又激动地说："夫人，这是金子！金子！"

可是，令乐羊子奇怪的是，妻子并没有马上高兴起来。妻子感到奇怪，平时穷困的乐羊子为什么一下子有了金子？

"这金子，你是从哪里弄来的？"妻子平静地问。

"放心吧，夫人，我不是偷的。"

"那你快告诉我怎么得到的。"

· 国学百科

【历史钩沉】

本历史事例出自《后汉书》卷八十四《列女传·乐羊子妻》。

【历史补遗】

据《后汉书·列女传》记载，有一次邻家所养的鸡误闯入乐羊子的园中，婆婆偷偷抓来杀了做菜吃，乐羊子妻却对着那盘鸡流泪。婆婆感到奇怪，乐羊子妻解释说："我是难过家里太穷，饭桌上吃的竟然是

东汉 谷纹璧

"今天该着咱们发财，这金子是我在回家的路上捡的。"

妻子放心了，但又觉得不该要这块金子。她问乐羊子："你打算要这块金子吗？"

乐羊子有点不信自己的耳朵，惊疑地问妻子："我一不偷，二不抢，捡来的金子，当然要啦。"

"可是，我认为这金子咱们不能要！"

"为什么？"

"我听说有志气的人不喝盗泉里的水，讲求廉洁的人不接受带有侮辱性的施舍。你是一个读书人，应该讲求仁义。这不明不白的东西咱们不能要，再说丢金子的人又多么着急啊！你从哪里捡的，还是放回到哪里去吧！"乐羊子听妻子说得合情合理，心里感到惭愧，第二天就把金子放回到原处了。

还有一次，乐羊子出外读书，读了几天就不想读了，偷偷跑回了家。妻子看到他刚出去没几天就回来了，好奇地问："你怎么这么快就回来了？"

乐羊子说："没有什么重要的事情，只是我在外面非常想念你，所以就不想再读书了。"妻子听了很生气，觉得应该好好劝说

别人家的鸡。"婆婆听了（大感惭愧），就把鸡肉丢弃了。

后来有盗贼想侵犯乐羊子妻，就先劫持了她的婆婆。乐羊子妻听到后，拿着刀跑出来，盗贼说："你放下刀从了我，我就不杀你婆婆。"妻子仰天叹息，举起刀子就刎颈自杀了。盗贼没有杀她婆婆就逃跑了。太守知道这件事后，为她举行丧礼，赐予她"贞义"的称号。

东汉　白瓷豆

129

一下乐羊子。她拿起一把剪刀，走到织布机前，把一匹快要织完的布一下子剪断了。

乐羊子看到妻子的举动很奇怪，惊讶地问："你这是干什么？好不容易快织成的布，一剪刀剪断，多可惜啊！"

妻子说："你为这感到可惜，怎么不想一想你的学业呢？你现在不好好读书，不珍惜大好时光，和我剪断这匹布有什么两样呢！"

"我不明白这有什么联系。"

"你仔细想一想，我织这匹布，最初是一根丝一根丝地织成线，日积月累，又一根线一根线地织成布，多么不容易啊！可是

· 国学百科

【历史典故】

志士不饮盗泉之水，廉者不受嗟来之食：盗泉，古泉名。故址在今山东泗水县东北。《淮南子·说山》："曾子立廉，不饮盗泉。"旧常以"盗泉之水"比喻以不正当手段得来的财物。"嗟来之食"表示带有侮辱性的施舍，典故出自《礼记·檀弓下》。这两句话提倡做人应有骨气，宁可克制自然生理的基本欲望，直至断送性命，也不做摧眉折腰、苟且偷生之事。

东汉三国时期 抚琴俑

眼看布快织完了，却一剪子剪断，前功尽弃。你从幼年起就开始读书，一直到现在读了不少书。十几年了，眼看快要成功了，现在你却突然不想读了，不是更可惜吗？这和剪断这块布不是一个道理吗？"乐羊子终于明白了妻子的好意，惭愧地低下了头。

妻子又说："你在外学习，每天读一些书，积累了丰富的知识，将来才能为世人作出贡献。年轻时不抓紧时间学习，年龄大了想读书也来不及了。你现在要珍惜这段读书时间啊！"

"多谢你的点拨，我明天就回去好好读书，一定要成为一个对国家有用的人。"乐羊子激动地说。

第二天，乐羊子就回学校去了。

乐羊子的妻子通情达理，以仁爱之心劝导丈夫，使丈夫成为一个胸怀大志的仁人。作为一个普通的女人，她一直为后人所称颂。

· 国学百科

停机德：指的是符合封建道德规范要求的一种妇德。"停机德"包含有两个典故。一是《后汉书·列女传·乐羊子妻》：东汉乐羊子外出求学，中道而归，其妻以停下织机割断经线为喻，劝其不要中断学业。二是孟母教子："子不学，断机杼"。

国学百家讲坛

刘备撤军不弃民

东汉末年，刘备在曹操大军接二连三的追击下，只好投奔到荆州刘表那里。刘表非常赏识刘备，用隆重的礼节迎接他，并让他带兵驻守在新野附近。

刘表病重时，特意召见刘备，郑重地嘱托他：“我的儿子没什么才能，将领也没有勇谋，我死后，你可以作荆州的主人。”

刘备连连摇手，用温和的口气安慰刘表：“您的几位公子很有才华，您还是安心养病，我不会忘记您对我的深厚恩情！”刘表感动得热泪盈眶。

有人对此不解，劝刘备说：“我看你不如听从刘表的话，他可是一片真心啊！”

刘备坚决地说：“你不了解我。刘表待我这样好，如果我听从

· 国学百科

【历史钩沉】

本历史事例出自《三国志》卷三十二《蜀书二·先主传》。

【历史人物】

刘备（161～223年）：三国时蜀汉的建立者。公元221～223年在位。字玄德，涿郡涿县（今河北涿州）人。汉远支皇族。东汉末起兵，参与镇压黄巾起义军的战争。在军阀混战中，曾先后依附公孙瓒、陶

汉代 青瓷羊

他的话，天下的百姓一定会嘲笑我是一个不仁不义的人，我不想被误解。"

几年后，曹操率领大军南征。这时，刘表已经病死了。他的儿子刘琮（cóng）做了荆州牧。

刘琮贪生怕死，不仅没有带兵抵抗，反而急于向曹操请求投降。但他没敢把这件事告诉刘备。很快，曹军兵临宛城，形势十分危急。刘备得知这一消息后，捶胸顿足，仰天长叹道："刘琮啊，刘琮，你怎么这样没有志气，你怎么对得起你父亲的谆谆教诲啊！"

这时，刘备的部下，甚至连诸葛亮在内，都纷纷劝说刘备抓住这一有利时机去攻打刘琮，占领荆州这块战略要地。

刘备沉思了许久，缓慢而坚定地说："刘表病重时把他的儿子托付给我，我也答应要好好照顾他。如今，让我反去攻打刘琮，这种事，我是不忍心也决不会做的，你们不必再劝了！"

刘备率领部下经过襄阳城时，向城上大声呼喊："请刘琮出来，我有几句话要说！"

刘琮吓得不敢出来。刘备无奈地叹了口气，随后来到刘表的墓前。他跪倒在地，扶住冰冷的墓碑，伤心地哭了很久。在场的将领

· 国学百科

谦、曹操、袁绍、刘表。后采用诸葛亮联孙拒曹之策，于建安十三年（208年）联合孙权，大败曹操于赤壁，占领荆州部分地区。旋又夺取益州和汉中。221年称帝，都成都。

刘表（142～208年）：东汉末山阳高平（今山东邹城西南）人，字景升。汉远支皇族。公元190年任荆州刺史，据有今湖南、湖北地区。为荆州牧。对割据势力的战争采观望态度，中原人前来避难者甚众。后病死，子琮降于曹操。

三国 母哺乳儿俑

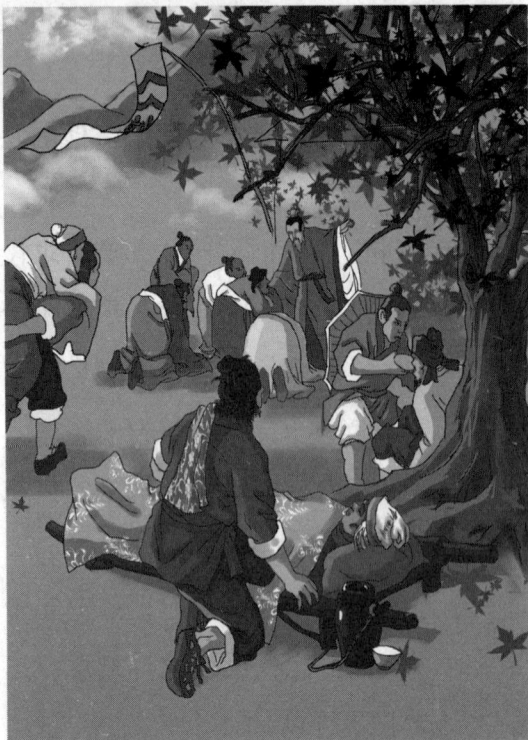

们都深受感动。

刘琮的部下、荆州的军士和老百姓，都为刘备对刘表的深厚情谊所感动，心甘情愿地跟随刘备奔往江陵。到达当阳城时，跟随刘备的士兵和百姓多达十万人，运载粮草财物的车子也有几千辆。人山人海，像河流般缓慢地向前流动。百姓们扶老携幼，走得很慢。有人焦急地劝刘备："我们的目的是占据江陵，按现在的速度走，肯定会被曹军追上的。再说，这十万多人，貌似庞大，但并没有多少士兵，多是一些老百姓。曹军来了，如何抵抗呢？"

刘备很自信地说："我们做大事，应该懂得争取广大人民的拥护。百姓满腔热情地跟随我，是对我的信任，我怎能忍心丢下他们

·国学百科

【历史词条】

安身之地：存身的地方。指在某地居住、生活，或以某地作为建业的根基。明代罗贯中《三国演义》第四十回："近闻刘景升（刘表）病在危笃，可乘此机会，取彼荆州为安身之地，庶可拒曹操也。"

髀（bì）肉复生：髀，大腿。因为长久不骑马，大腿上的肉又长起来了。语出《三国志·蜀志·先主传》。刘备在荆州依附刘表时，居住数年，发现自己大腿上的肉又长出来了，不觉感慨自己久离鞍马，日月如飞而功业未建。后用以感叹久未建立功业，虚度光阴。

不管呢？"

这支很独特的队伍缓慢地朝前行进着，老百姓的心里充满了无限的希望。

这时，曹操亲自率领五千名精兵追了上来，行动神速，形势实在太危险了。直到这时，刘备才在众人的再三劝说下，不得不抛妻弃子，与诸葛亮、张飞以及几十名骑兵先行一步。

后来，刘备采纳了东吴军师鲁肃的建议，与孙权联合起来，共同对付曹操。刘备的力量渐渐壮大起来了，建立政权有了坚实的保障，跟随的老百姓也过上了安定的生活。

刘备为人宽厚，讲求仁义。他处处以仁为重，尊敬帮助过他的人，爱护拥戴他的百姓，甚至在危难时都不忍心抛弃随行的平民百姓，被后世传为美谈。

朱熹·说仁

朱熹继承了孟子的仁政思想，强调君主的职责在于治国平天下，在于扶持人民。他说："天下是天下人的天下，不是一个人的私有物。"（《四书章句集注·孟子集注·万章章句上》）"关于天下的问题，天下的最大事务，大不过扶持人民，扶持人民的根本，又在于君主端正思想、树立道德规范和法律制度。"（《朱文公文集》卷十一《庚子应诏封事》）

同时，朱熹也认为，仁乃是人自身之品德。"仁是内心的道德，不是在身外。放在心里而不去追求，所以有人认为离自己很远；转而向内追求，它则已存在，怎么能说远呢？"（《四书章句集注·论语集注·述而》）

朱熹认为，在五常之中，仁为最贵，无所不统。"性情中的德，没有不具备的，用一句话可以囊括它的妙处，就是说'仁'。因为追求仁的人有多种方法，用一句话可以概括它的要点，就是说'克制自己，使自己的言行符合于礼'。天地之所以有生万物之

· 国学百科

朱熹（1130～1200年）：南宋哲学家、教育家。字元晦，一字仲晦，号晦庵、晦翁，后人又称紫阳、考亭。祖籍徽州婺源（今属江西）。十九岁进士及第，官从县主簿做起，宋宁宗时任焕章阁待制兼侍讲。1196年被诬为"伪学之魁"，落职讲学。为政期间，申敕令，惩奸吏，治绩显赫。朱熹的讲学活动主要地点在福建，故其学派被称为"闽学"，亦称考亭学派。朱熹学生众多，著名的有陆淳、黄榦（gàn）、蔡元定、蔡沈等。朱熹是继二程后

"天下者，天下之天下，非一人之私有故也。"（《四书章句集注·孟子集注·万章章句上》）

"天下之务，莫大于恤民，而恤民之本，在人君正心术以立纪纲。"（《朱文公文集》卷十一《庚子应诏封事》）

"仁者，心之德，非在外也。放而不求，故有以为远者；反而求之，则即此而在矣，夫岂远哉？"（《四书章句集注·论语集注·述而》）

"性情之德无所不备，而一言足以尽其妙，曰'仁'而已。所以求仁者，盖亦多术，而

理学代表人物，也是中国思想史上成就与影响极大的重要学者之一，世称朱子。著作有《四书章句集注》、《周易本义》和《诗集传》等。

心，而人与万物所以有心，都是因为有仁的缘故。只有得到天地生万物之心并又赋予万物有心，是因为在天地万物之前就有四德的存在，就是仁义礼智四种品德，而仁是四种品德中统领一切的。"（《朱文公文集·晦庵集》卷七十七《克斋记》）

朱熹认为，仁是内心的品德，是爱的感情根源。仁作为人的本性，其主要作用表现为爱的感情，而人们最大的爱则是对父母双亲的爱。因此，孝悌是仁性的体现。仁的本性是孝悌实践的根源，而孝悌是实践仁的本性的开端。

一言足以举其要，曰'克己复礼'而已。盖仁也者，天地所以生物之心，而人物之所以得以为心者也。惟其得夫天地生物之心以为心，是以未发之前四德具焉，曰仁义礼智，而仁无不统。"（《朱文公文集·晦庵集》卷七十七《克斋记》）

敢吞蝗虫的皇帝

唐朝初年，京师长安（今陕西西安一带）蝗虫成灾。蝗虫铺天盖地，黑压压一片，农民的大片庄稼被吃光。农民看在眼里，急在心里，眼看来年就得挨饿，却没有一点办法。

一天，太宗皇帝在花园里散步，看见许多蝗虫，便问身边的大臣："花园里为何有这么多蝗虫？"

一位大臣说："现在关中地区正闹蝗灾。"

太宗又问："灾情如何？"

大臣回答说："灾情很严重，很多地方庄稼已被吃光。"

太宗十分伤心地说："百姓是靠五谷为生，蝗虫把庄稼吃光了，我身为一国之君，百姓受饿，我如何面对天下人呢？"

说着太宗顺手抓住一只蝗虫扔进嘴里吞了下去。他一边对身

·国学百科

【历史钩沉】

本历史事例出自《贞观政要》卷八《务农》中"唐太宗吞蝗"的历史典故。关于唐太宗李世民的史载另见于《旧唐书》卷二《本纪第二·太宗上》和卷三《本纪第三·太宗下》，及《新唐书》卷二《本纪第二·太宗》。

唐代 三彩骆驼载舞俑

边的大臣说："就让蝗虫吃我吧，我要为百姓承受灾难。"一边下令："赶紧运粮到关中，救济百姓。"

很快，一大批粮食运到关中，饥饿的百姓手捧着粮食面向长安高呼："皇上万岁。"

唐太宗李世民青年时期，随父亲李渊南征北战，非常了解百姓的疾苦，自己做了皇帝之后，十分关心百姓的生活，广施仁政。

他常对大臣们说：隋朝灭亡的原因是隋朝皇帝对百姓剥削太重，百姓被迫起来反抗，所以统治者一定要爱护人民，对人民要施行仁政，只有这样社会才能稳定，人民才能安居乐业。

他把百姓比作水，把统治者比作船，形象地说："水能载舟，亦能覆舟。"

唐太宗不仅这样说，而且也是这样做的。

有一次，他阅读《明堂针灸图》，这是一本讲如何医治疾病的书。书中写道："人体内的五脏，都附在人的脊背上。"当时有一种刑罚，用皮鞭抽打犯人的脊背。太宗读后，联想到这种刑罚，感慨地说："既然人的五脏都附在背上，用皮鞭抽打人，怎能忍受得了，这种刑罚一定要废除。"于是他下令废除了这种刑罚。

· 国学百科

【历史人物】

唐代 天王俑

唐太宗（599～649年）：即李世民。唐代皇帝。李渊次子。公元626～649年在位。李渊称帝时，封为秦王，任尚书令。武德九年（626年）发动玄武门之变，得为太子，旋即帝位。在位期间，轻徭薄赋，疏缓刑罚，发展科举制度。时社会安定，经济复苏，史家誉为"贞观之治"。

【历史典故】

水能载舟，亦能覆舟：简称"载舟覆舟"，意思是水

　　唐朝初年，由于黄河多年未修，经常决堤。有一年，黄河遇上了几十年未遇的大水，多处决堤。水到之处，良田被毁，房屋被淹，百姓死伤无数。

　　太宗巡视灾区，看到茫茫大水，零星地漂着死人，伤心地掉下了眼泪。他对身边的大臣说："这是我的过错啊！我对不起天下的百姓，如果这被淹死的人是我的亲属，我……"

　　他再也说不下去了。

　　太宗的船驶到了一座山边，山上有许多避难的百姓。他下了船，告诉百姓："朕会帮助你们渡过难关的。"

　　船一直驶向前方，突然前方有一条小船上传来小孩的哭声，眼看着小船被浪冲翻，太宗传令速去救小船上的人。这条小船上只有一个十来岁的

·国学百科

可以使船行驶，也可以使船淹没。意指事物用之得当则有利，反之必有弊害。比喻民心向背决定生死存亡。此语出自《荀子》，唐初魏征和唐太宗也多次转引这样的观点。

【历史百科】

　　贞观之治：中国历史上对唐太宗贞观年间（627～649年）政绩的美称。唐太宗及其大臣房玄龄、杜如晦、魏征等，常以隋亡为鉴，"夙夜孜孜，惟欲清静"，"俭以息人"，使百姓安乐，重视休养生息。魏征引荀子语告太宗，谓君似舟，民如水，"水能载舟，亦能覆舟"；又劝太宗注意纳

小孩，太宗抚摸着小孩，问他："你父母呢？怎么只有你一个人在船上？"

小孩说："我的父母被大水冲走了，他们先把我放在这条小船上。"

太宗眼中噙着眼泪，紧紧地揽着这个孤苦的小孩。

太宗回到长安以后，下拨了大批粮食到灾区，并且征调了大批军队去修黄河大堤，百姓无不由衷地感谢太宗。这样没过多少年，国力蒸蒸日上，人口渐渐增多，社会稳定，商业发达。后人因太宗年号"贞观"，所以把他的统治叫做"贞观之治"。

唐太宗以仁爱之心对待百姓，所以才得到了人民的信赖，使唐朝成为中国历史上继汉朝之后又一个强盛的朝代。

· 国学百科

谏，谓"兼听则明，偏信则暗"。为太宗采纳，减轻赋役，继续推行均田制，选拔统治人才，发展科举制度。贞观年间，人口增加，经济得到较快恢复，史称"贞观之治"。

国学百家讲坛

冒死阻猎好司马

　　这一年滑州（今河南滑县、延津、长垣等县地）的春天来得特别早。小草从土里钻出来，尽情地沐浴在温暖的阳光里；树叶儿在春风的吹拂下渐渐长大，泛出浓浓的绿意；经过一个冬天的力量积蓄，农田里的小麦也在春风的呼唤中，尽情地生长着，展示着生命的风采。地里到处可见辛勤劳动的农民，他们正在耕地、播种。滑州地区洋溢在一片风和日丽、喜气洋洋的气氛中。

　　突然，田间大道上尘土飞扬，狗叫马嘶。原来，大唐滑州刺史突发奇想，想在这时出来打猎。他带着一大队随从，骑着马，牵着狗，放着猎鹰，浩浩荡荡地出了刺史府，顺着田间大道放马狂奔，追逐猎物。在他们身后卷起漫天尘土，还有被践踏的不计其数的麦苗。

·国学百科

【历史钩沉】

　　本历史事例出自《旧唐书》卷一百八十五《列传第一百三十五·良吏下》。

【历史人物】

　　潘好礼：唐贝州宗城（今河北威县东）人。举明经。任上蔡令，以治绩擢监察御史。开元三年（715年），为邠王府长史兼司马，知滑州事。曾谏止邠王出猎伤禾稼。升豫州刺史，为政勤奋，清廉

唐代 三彩马

农民一看到自己辛辛苦苦种的麦苗被践踏，都非常伤心。他们一齐跪在刺史的马队前苦苦哀求："大人啊，求求您回去吧，千万不能这样打猎啊！""快闪开，今天老爷特别高兴，才出来打一会儿猎，你们敢无理取闹，小心你们的脑袋！"几个如狼似虎的随从狗仗人势地吵骂着。"大人，我们种庄稼不容易啊！好不容易麦苗长高一些，可惜让大人的人马给踩死了。求大人可怜可怜我们吧！""少啰嗦，老爷踩死你的几棵麦苗算什么？快快闪开，老爷没空儿和你们胡扯。"随从开始拉扯、踢打跪地的百姓。农民们仍然跪在那里不肯动，声泪俱下地恳求着，一个个头磕在地上。

刺史火了，大声命令随从："给我冲过去，挡道的格杀勿论！"随从们听了刺史的话，一个个拔出刀，准备砍杀匍匐在地的农民。正在紧要关头，忽听有人大喊："住手！"

人们循着声音望去，见有一匹马飞驰而来，走到近前，人们看清了骑在马上的是滑州司马潘好礼。潘好礼来到刺史的马队前，翻身下马，对刺史说："请大人息怒，刚才农民们所言有理，还望大人三思而后行。"刺史一看潘好礼来了，心里很生气，原来他好几次想出来打猎，都被潘好礼阻止了，今天好不容易出来，潘好礼却

· 国学百科

无私，而好苛察。坐事左迁温州别驾卒。

【历史词条】

色厉内荏（rěn）：荏，软弱。外表强横而内心怯弱。又形容表面上强大，实际却很虚弱。语出《论语·阳货》："色厉而内荏，譬诸小人，其穿窬（yú）之盗也与？"（面色严厉而内心怯懦，如果用小人来作比喻，大概就像是打洞、翻墙行窃的小偷吧？）

众怒难犯：犯，触犯、冒犯。群众的愤怒不可触

唐代 女俑

145

又跟了出来劝阻。刺史虽知道自己理亏，却强词夺理地辩解："今天天气很好，我一时来了兴趣，所以就出来打一会儿猎，这难道不行吗？"

潘好礼说："在这个时候打猎确实不合时宜，农民的庄稼刚刚长出来，人马践踏就都死了，大人看看你的马队走过的路，践踏了

犯。表示不可以做群众不满意的事情。出自《左传·襄公十年》："众怒难犯，专欲难成，合二难以安国，危之道也。"

【历史百科】

刺史：官名。汉武帝元封五年（前106年）始置。分全国为十三部（州），部置刺史，职任监察，官阶低于郡守。隋初撤郡，设州、县两级，州的长官，除雍州称牧外，余皆称刺史。后世州刺史与原先郡太守相当，职权渐轻。据《新唐书·百官志》记载，唐高祖武德元年（618年），改太守曰刺史；上州（唐代以四万户以上为上州）设刺史一人，从三品，

多少庄稼呀！"

刺史说："我身为刺史，踏死几棵麦苗算什么？你快快给我闪开，不然连你一块儿治罪。"

潘好礼见刺史毫不讲理，便卧倒在刺史马前，对刺史说："大人如果一定要过去打猎，那么先从我身上踏过去吧，与百姓们无关，让他们走吧！"刺史一看潘好礼卧在马前，吓了一跳，但仍色厉内荏地大喊道："难道你不怕死吗？"潘好礼说："我这样做是为了滑州的百姓，死有什么可怕呢？"刺史终于害怕了，他没有料到潘好礼为了百姓甘愿送死，他怕众怒难犯，最后只好灰溜溜地回府了。

百姓们都交口称赞潘好礼的大恩大德。潘好礼为了百姓的利益，不畏权贵，大义凛然，被后人称为仁义的好司马。

职同牧尹。

司马：州郡佐官。两晋、南北朝州郡长官多置为幕僚，主军务。隋开皇三年（583年）改州佐官治中为司马，协助刺史管理州事。唐代亦置，上州设司马一人，从五品下。

陆九渊 · 说仁

陆九渊认为，"仁、义、礼、智根源在心。"（《孟子注疏》卷十三《尽心章句上》）仁，是人的恻隐之心。孟子提出仁、义、礼、智存于人心之"四端"，陆九渊继承了这一思想。只要人能从内心不断地培植德性，就可以达到仁的境界。"仁就是人心。要做到仁是先从自己开始，还能由别人开始吗？我想做到仁，仁就来了。仁就是自己要做的。但是，我自己单独做的仁，不如和别人一起做的更接近仁。和一两个人一起接近仁，还不如和很多人一起接近仁。和很多人一起接近仁，那么它互相影响熏陶的深度，彼此交流切磋的益处，我知道这和一个人单独做的情况就有很大的不同。所以一个人的仁，不如一家人的仁好；一家人的仁，不如邻居都做的仁好；邻居都做的仁，不如整个街巷都做的仁好。"（《陆九渊集·拾遗·里仁为美》）

· 国学百科

陆九渊（1139～1193年）：南宋哲学家、教育家。字子静，自号存斋。因其曾在江西贵溪龙虎山建茅舍聚徒讲学，其山形如象，又自号象山翁，世称象山先生。抚州金溪（今属江西）人。其学与兄九韶、九龄并称"三陆子之学"。与当时著名的理学家朱熹齐名，史称"朱陆"，是宋明两代主观唯心主义"心学"的开山鼻祖。他的学说后由明代王守仁继承发展，形成陆王学派。著作编为《象山先生全集》。

"仁、义、礼、智根于心。"（《孟子注疏》卷十三《尽心章句上》）

"仁，人心也。为仁由己，而由人乎哉？我欲仁，斯仁至矣。仁也者，固人之所自为者也。然吾之独仁，不若与人焉而共进乎仁。与一二人焉而共进乎仁，孰若与众人而共进乎仁。与众人焉共进乎仁，则其浸灌薰陶之厚，规切磨砺之益，吾知其与独为之者大不侔矣。故一人之仁，不若一家之仁之为美；一家之仁，不若邻焉皆仁之为美；其邻之仁，不若里焉皆仁之为美也。"（《陆九渊集·拾遗·里仁为美》）

恻隐之心：由别人的不幸遭遇而引起的同情心。《孟子·公孙丑上》："由是观之，无恻隐之心，非人也。"

国学百家讲坛

田仁会烈日求雨

事情发生在唐朝时期的郓州地区。

这一天清晨，天刚蒙蒙亮，一向清静的刺史府门前人声鼎沸，人们扶老携幼从四面八方赶来，准备围观一幅壮观的场景。

当太阳刚刚露出笑脸时，刺史府门开了，从里面走出了郓州刺史田仁会。人们欢呼起来，田仁会便带领人们向社庙走去。

百姓们默默地跟着田仁会来到了社庙，看着和蔼可亲的好父母官，百姓们的眼泪禁不住流下来了。

原来，郓州地区发生了罕见的大旱灾，无情的太阳火辣辣地烧烤着大地，大地整天都像着了火似的，热得烫人。眼看庄稼一天天地蔫了，快要枯死了。农民的心里非常痛苦，他们多么盼望老天可怜可怜他们，给庄稼下一场大雨啊！

· 国学百科

【历史钩沉】

本历史事例出自《旧唐书》卷一百八十五上《列传第一百三十五上·良吏上》：转郓州刺史，属时旱，仁会自曝祈祷，竟获甘泽。其年大熟，百姓歌曰："父母育我田使君，精诚为人上天闻。田中致雨山出云，仓廪既实礼义申。但愿常在不患贫。"

唐代 陶骑马男俑

而鄆州刺史田仁会心中比百姓还着急。他为政仁和，爱民如子。像这样长久地干旱，老百姓和庄稼可怎么办呢？田仁会的心一天比一天沉重难受。

一天，他召集随从商议对策。他焦虑地说："像这样一直干旱下去，庄稼都快枯死了，大家有什么好办法吗？"

"地面的河流早就晒干了，根本就没有水源，除非天能下雨。"随从们说。

"我们不能等着天下雨，如果天再不下雨，庄稼不就彻底完了吗？"田仁会说。

一位老者说："听说有一种求雨的办法，求雨的人必须光着膀子在烈日下暴晒，一直晒三天，上天就会降雨。"

田仁会说："好吧，那我明天就到社庙去求雨。"

随从们一听说刺史大人要亲自求雨，都纷纷劝阻。田仁会说："为了老百姓的利益，我干什么都可以。只要能下雨，我就是豁出性命，被太阳晒死了也值得。"

第二天一大早，田仁会就起来求雨，就出现了前面的场景。

田仁会光着膀子，毒辣辣的太阳毫不留情地烤着他，烫着他

· 国学百科

【历史人物】

田仁会（601～679年），唐初著名良吏。雍州长安（今陕西西安）人。唐高祖武德初年，应制举授左卫兵曹。贞观后期为左武侯中郎将。他为武将，荣立战功，担任地方行政官员，体恤民情，廉洁奉公，多有政绩。他任鄆州刺史时，正遇当地发生旱灾，便曝身于烈日之下祈雨，结果巧遇降雨，庄稼丰收。

唐代 骑马吹排箫俑

的皮肤，烧着他的肌体。田仁会强忍剧烈的疼痛，毫不动摇他的意念：只要天会下雨，就是我死了也值得。

田仁会还不停地祈祷："上天啊！为了可怜的百姓下雨吧。只要下雨，我宁愿让太阳晒死啊！"

老百姓看着他们的刺史大人在烈日的暴晒下已昏死过去好几次，但仍跪在地上忍受着巨大的痛苦煎熬。他们忍不住了，也一齐脱光了上身，和刺史一起忍受日晒，求老天下雨。

成千上万的人去忍受烈日暴晒的痛苦，上苍似乎也不忍心了，人们的诚心终于感动了上苍。当天下午，天就下起了大雨。

久旱逢甘雨，人们欢呼雀跃。地里的庄稼在一场大雨后全都恢

· 国学百科

【历史典故】

桑林祈雨：据《吕氏春秋·季秋纪第九·顺民》记载，商朝建立不久，遇到连年大旱，整整五年滴雨未落，饿殍遍野，民不聊生。于是便择一吉日，地点设在亳都城外的桑林。汤王另一身白色净服，到了桑林，跪在神台上祷告说："天呀，我一人有罪，不要连累万民；万民有罪，都在我一人身上。请上天对我这个罪王进行惩罚吧！"就在这时，一阵狂风吹来，霎时乌云满天，大雨倾盆而下，浇透了大地，救了万民。另见于《淮南子》卷九《主术训》。

唐代 骑马男俑

复了生机，长势喜人。这一年，农民的庄稼获得了大丰收。

百姓们永远也忘不了他们的好父母官，他们的好刺史大人——田仁会。他们逢人便讲：

“是上天赐给我们这样一位父母官啊！”

“只要田刺史在，我们老百姓一辈子也不会贫穷啊！”

田仁会受到了人们的衷心爱戴。

田仁会做官，时时刻刻都在为百姓着想，为了百姓的利益，他什么都不在乎。他看到有的百姓家很穷，就把自己的俸禄拿出来周济他们，而自己则生活节俭，丝毫不浪费。

在田仁会的治理下，整个郢州地区秩序良好，人民安居乐业，生活富足。

田仁会舍身为民求雨，成为千古美谈。只有讲求仁政、爱护百姓的父母官才会为百姓奉献一切。这样的官，人民怎么会不拥戴呢？

国学百家讲坛

四菜待客的县令

"有朋自远方来，不亦乐乎！"有一天，大唐清漳（今河北广平一带）县令冯元淑特别高兴，他的一位阔别多年的好友从远方来拜访他。

老朋友相见，分外高兴，两人促膝相谈，十分畅快，不知不觉已是中午了。

冯元淑忙吩咐家人说："今天是我老朋友来访，多加几个好菜。"

朋友赶紧劝道："不必太客气了，随便吃一点就行了。"

冯元淑说："你远道而来，应该好好接待嘛！"

到了吃中午饭的时候，朋友傻眼了：桌上只有四个菜，并且都是家常饭菜。朋友很不高兴，心想：你冯元淑身为县令，吃什么没

· 国学百科

【历史钩沉】

本历史事例出自《旧唐书》卷一百八十五上《列传第一百三十五上·良吏上》。

【历史人物】

冯元淑：唐代相州安阳（今河南安阳）人。武则天时任清漳令，史书对他的评价是："政有殊绩，百姓号为神明。"后来冯元淑又出任浚仪、始平二县令。冯元淑在赴浚仪、始平二县时，都是单骑赴职，不曾携带

唐代 青釉凤头龙柄壶

有啊！对待远方的朋友就吃这几个家常菜，真是太不够意思了。

朋友当着冯元淑的面又不好多说什么。等到吃完饭后，朋友私下里对冯元淑的仆人们说："你们大人太不够义气了，对远方的朋友这么吝啬，吃饭时只给我上了四个菜！"

"你错怪我们大人啦，今天的菜对我们大人来说可是最好的了。大人平常每顿只吃一个菜，有时甚至不吃菜。今天照顾您这位老朋友，才吃四个菜。"仆人为冯元淑抱不平。

"什么？"朋友一听，半信半疑。

仆人们又说："这不足为奇，我们大人还非常节约，有时每天只吃一顿饭。"

"你们大人为什么要这么节俭呢？"朋友不解地追问。

"我们大人是怕浪费百姓的钱财。他常说，百姓们生活不容易，对他们的血汗钱我们要珍惜，不该用的决不乱用。他平时就这样省吃俭用的。"仆人为主人的高尚行为而自豪。

"你们大人自己不是有很高的俸禄吗？"朋友又问。

"我们大人的俸禄本来是不少。可是我们大人把节省下来的钱有的用来救济穷苦百姓，有的钱给县衙公用了。"仆人们说。

· 国学百科

家眷。唐中宗特颁玺书奖励，并命史官编其事迹。（《旧唐书·良吏传·冯元淑》）

唐代 三彩男陶俑

【历史典故】

斋马：据《旧唐书·良吏传·冯元淑》记载，"（元淑）所乘马，午后则不与刍，云令其作斋"。佛教以过午不食为斋。元淑之马午后即不与刍，故被称为斋马。后用以比喻廉吏的乘马。元代马祖常《光山县尹孔凝道作县有声乡人为图》诗："春雨行田无从吏，独骑斋马畏青泥。"

朋友听了仆人们的话，感叹不已："看来我是错怪你们冯大人了，他真是爱民如子的父母官啊！"

冯元淑就是这样一位处处为百姓打算，以仁理政、克己为民的好县令。

有一次，他的马夫向他报告说喂马的草料快没了，请示他准备出去买一些回来。

冯元淑问："现在还剩下多少草料？"

马夫说："顶多够用两个月。"

冯元淑说："现在草料这么贵，不要买草料了，节俭一些就行了。"

"可是怎么节俭呢？"

· 国学百科

【历史典故】

四菜一汤：相传为明太祖朱元璋首倡。朱元璋自从当了皇帝以后，那些达官贵人整天花天酒地，奢侈靡费，而老百姓的生活却并不好过，怨声载道。朱元璋知道以后，决心整治这种不正之风。当时适逢皇后生日，高官权贵都来祝贺。朱元璋趁众位大臣前来贺寿之机，有意摆出粗菜淡饭宴客，以此警醒文武百官。第一道菜是炒萝卜，第二道菜是炒韭菜，再来是两大碗青菜，最后是一道极普通的葱花豆腐汤，以此比喻为官清

唐代 邛窑写意牡丹纹大贯耳瓶

“这样吧，早晨和下午把马放到山上，只是中午喂一顿就行了。”

“这怎么行呢？”

“这些马平常不是太累，吃得再多也是没有用处，白白地浪费草料，这些马应该学会‘斋戒’嘛！”这件事传出去，连老百姓都很感慨。

大家对冯元淑的仁政自然非常感激，人人都为自己能遇上这么个廉官而高兴。可是，也有一些人对冯元淑的做法不理解，难免议论纷纷，更有一些官绅大夫们都说冯元淑是故意这样做的，目的是为自己捞取好名声，以便将来能升大官发大财。

冯元淑听到人们的议论，不以为然地说：“节俭是我的本性，仁爱百姓也是我的本性，我不觉得苦，也不想捞取什么名声，只求为民造福！”

一个人居官而克己节俭已经难能可贵，而能把节省下来的钱财资助老百姓、用于公事就更难了。没有以仁为本的爱心，要做到这一点是不可能的。冯元淑称得上是千古仁人了。

· 国学百科

廉，两袖清风。宴后，朱元璋当众宣布：“今后众卿请客，最多只能‘四菜一汤’，这次皇后的寿筵即是榜样，谁若违犯，严惩不贷。”从此“四菜一汤”的规矩便从宫内传到民间。

真德秀·说仁

真德秀则认为，仁的学说，到朱熹时才尽释仁之义。"仁一个字，自古以来就没有完整的解释，并且像义解释为宜，礼解释为理，又解释为履，智解释为知，都可以用一个字来表达它的意义。只有仁不能用一个字来解释。"

《孟子》中说，仁是人，也只是说人之所以为人的道理，也不是用人来解释仁。这主要是因为仁的内涵宏大，包括仁义礼智信五常，贯穿一切善行，因而不能用一句话说透。

从汉代以后，儒家学者只用爱字说仁，殊不知仁固然主张爱，然而爱却不能完全体现仁。按孟子的说法，恻隐之心是仁的发端，恻隐就是心里恻然有隐，这就是所谓的爱，但是这只是仁的发端罢了。"韩愈说博爱就是仁，程颐认为不对，认为仁是性、爱是情，把爱作为仁，这是把情作为性，这话说得很透彻了。朱熹开始用'爱的理，心的德'六个字形容它。"（以上均出自《西山先生真文忠公文集》卷三十《问仁字之义》）

· 国学百科

真德秀（1178～1235年）：字景元，改为希元，号西山，世称西山先生。南宋学者。干时政多所建言规谏，卒谥文忠。学宗朱熹，著作有《西山先生真文忠公文集》。

　　"仁之一字，从古无训，且如义训宜，礼训理又训履，智训知，皆可以一字名其义。惟仁不可以一字训。……韩文公言博爱之谓仁，程先生非之，以为仁自是性，爱自是情，以爱为仁，是以情为性也，至哉言乎。朱文公先生始以'爱之理，心之德'六字形容之。"（《西山先生真文忠公文集》卷三十《问仁字之义》）

倪若水贵人贱鸟

时值初春季节，农夫耕田，蚕妇采桑。乡下的人无暇赶集，平日里热闹非凡的汴州城变得异常冷清，街道上行人不多，只有三三两两的差役不时走过。

这天却来了一群身着奇装异服的人，他们悠然自得，一边说笑打闹，一边观赏着街道两旁琳琅满目的店铺。这些来自京城的“钦差大臣”们，早就知道汴州一带风光秀丽，今天又看到这儿社会稳定，秩序井然，更觉得汴州是个尽心游玩的好地方。

“朝廷派人来了！”差役急忙跑来报告刺史倪若水。

倪若水已任汴州刺史多年，他治理社会有方，汴州一带比周围其他地区的治安要好得多。他听说朝廷的人来到汴州城，以为一定有什么大事，赶紧出来迎接。

· 国学百科

【历史钩沉】

本历史事例出自《旧唐书》卷一百八十五下《列传第一百三十五下·良吏下》：（开元）四年（716年），玄宗令宦官往江南采鵁鶄（jiāo jīng，水鸟名，即池鹭）等诸鸟，路由汴州。若水知之，上表谏曰：“方今九夏时忙，三农作苦，田夫拥耒（lěi，古代的一种翻土农具），蚕妇持桑。而以此时采捕奇禽异鸟，供园池之玩，远自江、岭，达于京师，水备舟船，陆倦担负，饭之以鱼肉，间之以稻粱。道路观者，岂不以陛下贱人贵鸟也！”

唐代 三彩投壶

可这批"钦差大臣"住下之后，并没有传达皇上的什么命令，只是以钦差大臣的派头，每日里饮酒作乐，要鱼要肉，招待稍微不周就吹胡子瞪眼睛。他们还整天出入于汴州城内外，有时骑马射猎，肆意奔驰在老百姓的农田里，糟蹋了无数的禾苗；有时又去乡下的居民家里搜寻宝物，见到比较珍贵的东西就抢走，破坏了人们安宁的生活，百姓们怨声载道："这些人到底是干什么的？"

"我们的刺史怎么不阻止他们？"

原来，这伙人是唐玄宗派出来采集奇花异草、珍禽异兽的。

倪若水对这些人的行为非常不满，可是又不能赶走他们，可也不能让他们再待在这里骚扰老百姓，破坏社会安宁，怎么办呢？

一天，倪若水早早地来到钦差大人们的住处，向他们请安。

"大人，不知您为宫廷采集到了什么珍奇宝物？"寒暄过后，倪若水问领头的太监。

"我们这次主要是奉皇上的命令，到江南寻找紫鸳鸯的，路过你们汴州，这里很好啊！"太监傲气十足地说。

"据我所知，我们汴州地区根本就没有紫鸳鸯，大人可别误了皇差呀。"倪若水乘机说道。

·国学百科

【历史人物】

倪若水（？～719年）：唐恒州藁城（今属河北）人，字子泉。进士出身。任右台监察御史，出使剑南道，检察公允，考课第一。开元初，迁中书舍人、尚书右丞，出为汴州刺史。为政清廉，人吏安之。开元四年（716年），玄宗令宦官往江南捕珍禽益鸟，路经汴州（今河南开封），他以贱人贵鸟谏止之。七年，授尚书右丞，卒。

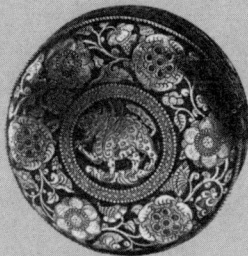

唐代 兽纹银盒

太监听了倪若水的话，明白了他的言外之意：汴州没有紫鸳鸯，你们这些人该走了。

太监一向深得皇上的宠爱，从来不把其他小官吏放在眼里，他带着威胁的口吻说："倪刺史，你听着，我们是为皇上办事的。在路上必须吃好住好。如果谁敢对我们无礼，我们回去告诉皇上，那他肯定没有好下场的。"

倪若水听到这个家伙仗着是皇上派出的人居然如此蛮横，非常气愤："如果你们为了寻找紫鸳鸯，就不顾老百姓的喜怒好恶，岂不是贱人贵鸟吗？就不怕失去民心吗？"

太监阴阳怪气地说道："我们贱人贵鸟，你又能把我们怎么样？民心，民心算什么？"

倪若水知道和这些不可一

【历史百科】

汴州：州名。北周建德五年（576年）改梁州置，因州城临汴水得名。治浚仪（今开封市，唐又移开封县来治）。唐时辖境相当于今河南开封市和开封、封丘、尉氏、杞县、兰考等县地。五代梁开平元年（907年）升为开封府。自隋开通济渠，汴州为东南物资北运的中继站，是中原的经济都会。

【历史词条】

怨声载道：载，充满。怨恨的声音充满道路。形容普遍不满。出自

世的家伙是无法论出是非的。他决定给皇上写一封奏折，向皇上汇报：那些为皇上采集珍物的人，仗着皇权沿途要求地方官以好酒好肉侍候；他们贱人贵鸟，骚扰百姓，不守法纪；借为皇上采集珍物的名义，对老百姓敲诈勒索。他劝皇上要贵人贱鸟，以免激起老百姓的不满，降低皇上的威信，危及大唐江山。

唐玄宗看了倪若水的奏折，知道了派出去的人的行为，非常生气。他立刻传下圣旨，取消采集珍奇异物的活动，并处罚了那些横行霸道、仗势欺人的太监。

唐玄宗非常赏识倪若水的才学和胆略，很快便把他调到京城，负责民政事宜。

倪若水以民为重，重视民心、民情，贵人贱鸟，成为世人称颂的仁官。

· 国学百科

《诗经·大雅·生民》："实覃（tán，长）实訏（xū，大），厥声载路。"（后稷哭声又长又响亮，路人听了都驻足。）清代曹雪芹《红楼梦》第五十六回："凡有些余利的，一概入了官中，那时里外怨声载道，岂不失了你们这样人家的大体？"

国学百家讲坛

何远"怕"民不怕官

连日来干旱无雨，武昌城里的用水顿时紧张起来，就连太守何远家也得到乡下买水吃。何远是我国南北朝时期梁朝的著名清官，他为老百姓办了许多好事，但吃水还总是如数付钱，乡亲们很过意不去。

几天后，有位乡民手里捧着一串铜钱来到何远家，进门便行礼作揖，诚恳地说："何老爷，我们说什么也不能收您的钱啊，您喝我们的井水，就算是收下我们对您的感激之情吧！"何远坚决不收钱，可是，那位乡民趁何远没留神，放下钱，转身一溜烟走了。何远想：我虽是太守，但和普通人一样，绝不能搞特殊。买了人家的水，就要付钱，怎么能白用呢？

第二天，何远亲自咯吱、咯吱地挑着水来到那位乡民家里，

· 国学百科

【历史钩沉】

本历史事例出自《梁书》卷五十三《列传第四十七·良吏》：武昌百姓的习俗都是从长江里汲水饮用，大热天，何远嫌江水太热，就掏钱向百姓买井水。如果对方不收钱，就将水还给对方。后来他担任武康令，为官更加清廉。太守王彬巡视所管辖的各县，来到武康县时，何远仅准备了干粮和水。王彬离去时，何远送上一斗酒和一只鹅作为临别赠礼。王彬与何远开玩笑说："你的礼节超过东晋时的陆纳，恐怕会被古人讥笑吧！"

南朝 背屏式造像龛

进门第一句话就说："既然你没收我的钱，那我就不能要你家的水。"那位乡民一看何远真心实意地要给钱，知道推辞也没用，激动地噙着眼泪说："这钱我收下了。"

事后，有人背地里说何远是害怕老百姓。何远听到这话并不恼火，却意味深长地说："我是怕老百姓，不过，我怕的是老百姓过不上好日子啊！"

何远因性情刚正被人控告，因罪除名，后来他又被起用为武康（今浙江德清境内）令，为官更加清廉。一天清早，何远发现县衙里的差役们忙忙碌碌，在院子里走来走去，有几间房子里还传出涮盆洗碗的叮当声。何远不知道差役们忙乎什么，正好迎面走来一个差役，怀里抱着一大摞彩色陶瓷碟，于是拦住差役问道："大清早的，你们忙乎什么？""回老爷的话，今天太守要来我们县视察，您忘了吧？"差役抱着那么高的一摞碟子，吃力地弯腰回话。

"太守要来视察，我怎么能不知道，"何远经差役一说心里已明白了八九分，但还是提高嗓门问道，"我问的是，你们在忙什么？""噢，我们正张罗着给太守准备丰盛的宴席呢。"差役曾为前任县令干过事，有一定的阅历，他以为做了何远没有想到的事，

南朝梁 释慧影造像

【历史人物】

何远（470～521年）：字义方，东海郯县（今山东郯城西北）人。晋朝梁武帝年间为官，官居郡太守、建武将军、镇南将军、武康令。梁武帝时，何远自朝官迁任武昌太守，"至是乃折节为吏，杜绝交游，馈遗秋毫无所受"。何远的日常生活十分俭朴，长江之中的武昌鱼特别鲜嫩美味，有人送何远，但都被他拒绝，每顿饭不过吃干鱼数片而已。

165

一定会得到何远的奖赏，说话时颇有几分得意。"立即通知衙门里的人，今天不设宴席。"何远打断差役的话。"这……这……不好好招待恐怕不合适吧？您难道就不怕得罪太守大人吗？"差役从以往的经验推测，对上级一定要毕恭毕敬。"得罪？哪里的话，我才不怕呢。我是为老百姓做事的，只要老百姓过上好生活，我就心满意足了。"何远坚决地说。

"可是，可是……"差役无论如何也想不通，何远为什么要这样做。"愣着干啥，还不快点通知其他人，记住，一律按普通礼节接待，不准浪费。"何远下了最后的命令，一转身进屋了。

· 国学百科

【历史典故】

《晋中兴书》记载，有一次吴兴太守陆纳请大将军桓温吃饭，以前他曾问过桓温的胃口怎样，桓温说，年纪大了，三升酒便醉，肉也趋不过"十脔"（十小块）。这天桓温赴宴，陆纳只上了一斗酒，一盘鹿肉。陆纳说："你我加起来只需五升酒，今备有一斗，慢慢喝吧。"因此王彬才打趣何远，说何远的"斗酒只鹅"要好过陆纳招待桓温的一斗酒和一盘鹿肉。

南朝 青瓷鸡守壶

招待太守的"宴席"都摆在了饭桌上：一碗熟干粮，一杯冒着热气的热水。太守简直难以相信自己的眼睛，每次他下去检查都是满桌的山珍海味，满耳的阿谀恭维，可今天居然仅有一只碗，一个杯子。不过太守素知何远为人，并没有认为他简慢自己。而何远的政绩确实非凡：社会秩序井然，犯罪的人寥寥无几；农民生活安康，官府从不压榨人民。没过多久，皇上就破格提升何远为太守。

　　何远为人耿直清高，不徇私情。在与人交往时，从不低声下气，因此受到俗士的忌恨。他的清廉公正，确实是天下第一。

薛瑄·说仁

薛瑄认为，人道的根本就是仁。"仁的内涵庞大，也就是所有的善都是仁。这么说来，天地之道只用一个'元'字就可以概括，做人的道理只用一个'仁'字就可以概括。"（《薛文清公读书续录》卷一）

他又指出，人能以爱己之心去爱别人，就是仁。"仁就是道，能用爱自己的心爱别人，那么就可以满足'仁'的要求。"（《薛文清公读书续录》卷一）

· 国学百科

薛瑄（1389或1392～1464年）：明河津（今属山西）人，字德温，号敬轩。世称薛夫子、先儒薛子。崇尚程朱理学，以复性为宗。有"河东派"之称。晚年辞官还乡讲学。卒谥文清。著有《读书录》、《薛文清集》、《道论》等。

　　"仁道至大是万善，皆仁也。看来天地之道只一元字都括尽。人道只一仁字括尽。"（《薛文清公读书续录》卷一）

　　"仁即道也，能以爱己之心爱人，则尽仁道也。"（《薛文清公读书续录》卷一）

仁政爱民"小尧舜"

　　故事发生在金朝（宋朝时北方少数民族政权）的皇都燕京（今北京西南）。

　　初秋的阳光，格外热烈，犹如一团烈火，烘烤着大地，不胜酷热的人民都已躲入室内。

　　这时，在金碧辉煌的深宫大院里，却正跪着一排披枷带锁的农民。他们在太阳的暴晒下热汗直流，身上唯一的背心也被汗水浸透。他们一个个都痛苦地低着头，哭丧着脸，默默地忍受着燥热的煎熬。

　　避阴的台阶上，两个大臣正在幸灾乐祸地看着这一情景。他们旁边有一大群侍候的仆人，有人给他们打着伞，有两个人在后面给他们扇着风，他们两人嘴里还嚼着大西瓜，一副逍遥自在、悠然自

· 国学百科

【历史钩沉】

　　本历史事例出自《金史》卷六《世宗本纪上》、卷八《世宗本纪下》。

　　金大定八年（1168年），金世宗对秘书监移剌子敬等人说："昔唐、虞之时，未有华饰，汉惟孝文务为纯俭。朕于宫室惟恐过度，其或兴修，即损宫人岁费以充之，今亦不复营建矣。"大定二十六年（1186年）四月，金世宗说："朕常日御膳亦从减省，尝有一公主至，至无余膳可与，当直官皆目睹之。若欲丰腆，虽日用五十羊亦不难矣！然皆民之脂膏，不忍为

金代 提线木偶铜镜

得的神态。

这时，一个农民实在受不住了，抬手擦了一下汗，被两个大臣看见了。他们大声喊道："大胆刁民，不老老实实受罚，来呀，给我打二十大板。"

于是有几个如狼似虎的仆人把那个农民按倒在地，狠狠地打了起来。那个农民痛得大哭大叫。

哭叫声惊动了正在宫内读书的金世宗，他从殿内走了出来，看到了这幅悲惨的情景。金世宗勃然大怒，问两个大臣："这是怎么回事？这些人为什么跪着？"

两个大臣一看皇上出来了，吓得变了脸色，赶紧跪在地上回答："这是一群刁民，不听朝廷的命令，所以罚他们下跪，以示惩戒，以显圣威！"

"什么命令？我怎么不知道！"

这时，两个大臣你看我，我看你，都不敢回答了。下跪的农民一看到皇上出来了，都大喊起来："皇上啊！我们冤枉啊！求皇上替我们做主。"

"这是怎么回事啊？"金世宗不解地问。

也。"同年十二月，上谓宰臣曰："朕年来惟以省约为务，常膳止四五味，已厌饫之，比初即位十减七八。"

金代 社火表演砖雕

【历史人物】

金世宗（1123～1189年）：即完颜雍。金代皇帝，女真族，金太祖之孙。公元1161～1189年在位。本名乌禄。在位期间，广泛吸收各族官员参政，增损官制，注重守令之选，严密监察之责；保

"现在是农活正忙的时候，庄稼正等着我们收割呢。可是官府把我们抓起来替这两位老爷修房子，我们不想干，他们就惩罚我们啊！"

金世宗知道了事情的来龙去脉，不禁大怒，他转身对两个大臣训斥道："太不像话了，怎么在大忙时节征发农民服劳役呢？我的宫室坏了，因为怕劳烦百姓还没修理呢，你们竟然如此胆大妄为！"

金世宗说完，就下令把农民放了，并命令侍卫把两位大臣各打二十大板。然后说："你们仔细听着，从今年以后，不得滥用民力，否则，我将重重惩罚你们。"两位大臣吓得赶紧满口答应。

金世宗平时注意爱护百姓，实行与民休息的政策：减

护女真文化；重农桑之利，广开榷场，放免奴婢等，号为金之治世。

【以史为鉴】

他能尊行尧舜之道，要做大尧舜也由他。——[南宋]朱熹

世宗之立，虽由劝进，然天命人心之所归，虽古圣贤之君，亦不能辞也。……即位五载，而南北讲好，与民休息。于是躬节俭，崇孝弟，信赏罚，重农桑，慎守令之选，严廉察之责……可谓得为君之道矣！当此之时，群臣守职，上下相安，家给人足，仓廪有余，刑部岁断死罪，或十七

少租税，减少劳役，并且自己带头提倡节俭，反对浪费，尽量减轻农民负担。他一顿饭只有一两个菜，都不如普通大臣们吃得好。

有一次，金世宗出嫁的女儿回到了宫中，看到金世宗吃这么少的菜，感到不解。她问："父亲是国家的君主，天下所有的东西都是您的，怎么吃这么少的菜啊？"

金世宗向女儿解释道："我是皇帝，天下的东西我想吃什么就可以吃什么，若是把饭菜办得丰盛些，一天用五十只羊也不难做到，可我不想那么干。"

"为什么？"女儿不解地问。

"我不忍心那样白白浪费，那都是老百姓的血汗啊！农民劳动不容易，我是他们的主人，应该珍惜他们的劳动果实啊！"

女儿非常钦佩父亲的爱民之心。

金世宗崇尚节俭，仁政爱民，得到人民的极大拥护，当时国盛民富。后人把他同传说中的尧、舜相比，称他为"小尧舜"。

· 国学百科

人，或二十人，号称"小尧舜"，此其效验也。——[元]脱脱等

金代九君，世宗最贤。——[清]赵翼

陈幼学为民置业

明朝万历时期的确山知县陈幼学素以为民分忧、仁政爱民出名。

一天，陈幼学把他的随从们都叫到知县大堂，对他们说："我叫你们来，是要叫你们完成几项任务，希望你们认真去做。"

"我们愿听从大人的吩咐。"随从们说。

"从今天起，在三个月内你们负责给我买八百辆纺车、五百头牛，盖一千二百间房子，你们分工去做，马上行动。"

随从们面面相觑，他们不明白知县大人买纺车和牛、盖房子干什么用。

陈幼学看出了随从们的疑惑，笑着说："你们只管干就是了，要这些东西我自有安排。"

· 国学百科

【历史钩沉】

本历史事例出自《明史》卷二百八十一《列传第一百六十九·循吏》。

【历史人物】

陈幼学（1541～1624年）：字志行，江苏无锡人。万历十七年进士。历仕确山知县，开河渠百九十八道，调中年，迁刑部主事，任湖州知府，捕杀豪绅恶奴，后以按察副使督九江兵备。

明代 青花卷草纹投壶

于是，确山县出现了这样的景象：全县的工匠都在紧张地打墙盖房子，官府供给工匠们吃住，工匠们则日夜不停地劳动着。人们不禁好奇地问："知县大人盖这么多房子干什么？"

在通往确山县的大路上，整天是络绎不绝的赶牛人，他们都向确山县走去，这些牛都是确山县官府买的。还有大批大批的人拉着大车，车上满载着纺车，也向确山县走去，这些纺车也是确山县官府买的。

确山的人们轰动了，纷纷猜测着知县此举的用意。

三个月过去了，陈幼学看到五百多头牛买来了，八百多辆纺车运来了，一千二百多间房子盖好了。他终于宣布了他的计划："把耕牛分给贫穷的农民耕地使用，把纺车分给贫穷的农妇纺织，把房子分给无家可归的贫苦农民。"

随从们终于明白了知县大人的一片爱民之心。全县的贫苦农民都欢天喜地地领取了耕牛，领到了纺车，分到了房子。

陈幼学为政仁和，处处为百姓着想，时刻为百姓排忧解难，关心百姓的疾苦，把老百姓的利益放在第一位。

一年秋天，正值秋收大忙时节，农民正忙着收割庄稼。忽然有

·国学百科

【历史词条】

面面相觑（qù）：觑，看。你看我，我看你，面对面地互相对看。形容惊惧或束手无策。《东周列国志》第九十六回："秦王与群臣面面相觑，不能吐一语。诸侯使者旁观，皆为相如危惧。"

助纣为虐：纣，商朝最后一个君主，有名的暴君。虐，残暴狠毒。帮着恶人干坏事。

明代 白釉剔花罐

175

一天，县府的墙坏了。随从们马上报告了陈幼学。"知县大人，县府的墙坏了，需要立刻修补。"随从们建议。

"很严重吗？能不能等一段时间呢？"

"墙坏得很厉害，必须马上修补才行。"

"噢，我知道了。"陈幼学应道。

随从们都很着急，建议说："能不能征发农民来修补？"

"不行。"陈幼学马上制止，并对随从们说，"现在农民正忙着收割庄稼，决不能耽误他们的时间，哪怕墙不修也不能征发农民。"

"那怎么办呢？"随从们束手无策。陈幼学考虑了很长时间，

【以史为鉴】

　　明末清初文学家、史学家张岱，在所著《夜航船》卷七《清廉类·书堂自励》中记载：陈幼学知湖州，书于堂曰："受一文枉法钱，幽有鬼神明有禁；行半点亏心事，远在儿孙近在身。"

终于有了一个主意，他对随从们说："招募一下流民，由官府供给他们吃住，发给他们工钱，由这些人来修墙。"于是，随从们按照陈幼学的办法，用官府的钱粮招募了一些流民，修好了墙，没有占用农民一分钟宝贵的劳动时间。

百姓们听说墙坏了，都很担心官府征发民工，影响秋收。但却看到官府已雇人修好了墙，并没有占用他们的劳动时间，深为感动。

陈幼学以仁治民，爱民如子，处处为百姓排忧解难，被后人誉为"为民分忧的好知县"。

陈确·说仁

陈确认为，仁是人"心德之全"，即人心中的全德。他认为，天与人都有天然的善性，所以"人性无不仁焉"。陈确发展了孟子的"尽心"的思想。他认为，人只要尽心为善，不断地知错必改，达到了无过可改时，"仁"就会来到。"知道自己的过失可以说是智，改正自己的过失可以说是勇，没有过失就是仁。"（《陈确集·别集》卷二《瞽言一》）

陈确认为，人想让自己的心放得下，就要求仁。他主张天下为公。他说："天道，天下万世的公理，不是一个人所能私得。"（《陈确集·别集》卷十五《大学辨二》）"孔孟之道，是古往今来天下共有之道，绝非让一人所私得，抨击它和赞同它，都是私心的表现。"（《陈确集·别集》卷十七《大学辨四》）

·国学百科

陈确（1604～1677年）：明清之际思想家。初名道永，字非玄，后改名确，字乾初，浙江海宁人。与黄宗羲同受学于刘宗周。在哲学思想上，他反对宋明理学和佛教。在理欲问题上，他认为"天理正从人欲中见，人欲恰好处，即天理也"（《瞽言·无欲作圣辨》）。为学主张凡事皆求其实，毋徒骛其名。著作有《陈确集》。

"知过之谓智，改过之谓勇，无过之谓仁。"（《陈确集·别集》卷二《瞽言一》）

"夫道者，天下万世之公，非一人之所得而私也。"（《陈确集·别集》卷十五《大学辨二》）

"夫道者古今所共，非一人之所得私。攻击之与附会，均属私心。"（《陈确集·别集》卷十七《大学辨四》）

周济仁爱放"罪人"

明朝时期，在安庆地区流传着这样一个真实的故事。

一天清晨，太阳刚刚从东方升起，温暖的阳光照耀着从沉睡中苏醒的大地。安庆知府周济起床洗漱完毕，正坐在书房里看书。

突然，府衙门前一阵吵闹，夹杂着叫骂声和哭喊声。周济纳闷，府衙门前一向清静，有谁这么大胆跑到这里来无理取闹呢？于是，他走出书房，来到门前看看究竟发生了什么事情。

只见一群骨瘦如柴的农民被捆绑着跪在府衙门前，都低着头，眼里噙着泪水。一群如狼似虎的家丁在一个富人的指使下，挥舞鞭子抽打着这些跪在地上的农民。他们一边抽打，一边嘴里不停地骂着。农民经受不住皮鞭的抽打，大声哀叫。

"快住手！为什么打人？"周济看到这般情景，大声喝道。

· 国学百科

【历史钩沉】

本历史事例出自《明史》卷二百八十一《列传第一百六十九·循吏》。

【历史人物】

周济：字大亨，洛阳人。明永乐年中，凭举人的身份进入太学，任职都察院。宣德时，授官为江西都司断事。守孝完毕归朝，补任湖广地区官员。正统初年，他被提拔为御史。十一年（1446

明代 天启年间瓷器

富人连忙说："请知府大人做主！这群刁民是一伙强盗，他们昨天夜里跑到我的粮仓偷抢粮食，被我的家丁抓住了。所以今天押送到您这里，请知府大人重重地治他们的罪。"

周济听了富人的话，转身问那些农民："是这样吗？"

农民们说："求大人恕罪，我们是抢他的粮食了，可是我们实在没有办法啊。我们不能眼睁睁地看着一家人饿死呀……"

农民们说不下去了，呜呜地哭了起来。

周济明白了事情的原委。他深深地责备自己，农民都饿得快不行了，身为父母官，早应该安抚啊！

于是，他对那个富人说："看在我的面子上，把这些人放了吧，他们也是迫不得已。你回去清点一下粮仓，算一算少了多少粮食，我叫衙役调用官府粮仓里的粮食补给你，怎么样？"

那个富人一看知府大人决定赔偿自己的粮食，也乐意送个人情，便爽快地答应放人。

周济对那些农民说："这都是我的责任，没有及时地了解你们的生活状况。你们以后如果有什么事，可以先向我说明，不能任意抢人东西。今天大家先回家吧。我派人打开官府的粮仓，你们没有

年）周济出任安庆知府，当地年成不好，民间卖儿卖女，周济借来漕运的粮食赈济灾民，并禁止卖儿卖女。他上奏章请求免除租税，皇帝下诏允许。又替当地制定婚丧嫁娶的制度，禁止奢侈浪费，风俗为之一改。

【以史为鉴】

正统初年，周济被提升为御史。镇守大同的太监骄横无忌、臭名远扬，朝廷派周济去调查。周济

明代 嘉靖年间青花香炉

粮食，可以到那里领取。"

农民们听到知府大人放了他们，又救济他们粮食，知道自己遇上了爱民的好官。他们大声欢呼，齐声感谢周济的大恩大德，随后高高兴兴地从官府粮仓中领取了粮食，回家去了。

周济做安庆知府，仁慈爱民。他对百姓们的疾苦非常了解，经常做一些有利于百姓的事情。

有一年，安庆地区遭受天灾，庄稼收成很少，闹了饥荒，百姓们纷纷出外逃荒。有人甚至把孩子都卖了，换少得可怜的一点粮食充饥。

周济非常焦急。身为知府，他怎能看着百姓们挨饿逃荒，卖儿卖女？得赶快想办法救济百姓。可是，官府粮仓里没有粮食了，怎么办？

这时，恰巧有贩运粮食的

装扮成普通人，背着薪柴进入这个太监家中，查明了他的一切不法事实，奏报朝廷，英宗非常赞许他。随后周济又巡按四川。四川威州的当地土官董敏、王允相互仇杀，朝廷令周济督率官兵征讨。周济建议说："朝廷安抚远方之人，应先安抚而后征讨。"朝廷采纳了他的建议，速传令劝告董敏、王允，使两家和解。（《明史·循吏传》）

船只从这里经过，周济便动用官府的钱买来粮食，赈济灾民，使百姓们的生活迅速安定下来。

周济又上书皇上，请求免去安庆地区农民的租税，又贷给农民种子、农具等，使农业生产逐步恢复，人民生活也渐渐富裕起来。

有仁爱之心的人，才会有为民请命之举。周济为政，以仁爱为本，为百姓着想，所以得到了人民的爱戴。

刘翊为民斥恶霸

东汉颍川郡（治今河南禹州）有一座美丽富饶的高山，山上盛产多种野果、药材，还生活着许多种珍奇动物。

在这美丽的山脚下住着几十户世代以此为生的猎户，他们爱山、养山、吃山。春天，植树；夏天，采蘑菇；秋天，采集野果、药材；冬天，打猎。生活虽然劳累，但日子过得倒很美满。

高山的富庶（shù），也引起了许多恶霸地主的贪欲。当地有个名叫黄纲的恶霸地主，他的妹妹是当朝一品夫人——程夫人。

黄纲依靠程夫人的权势，横行霸道，鱼肉乡里。老百姓都痛恨黄纲，但敢怒不敢言。当地官吏很畏惧他。

黄纲对当地这座富庶的高山早已垂涎三尺，总想据为己有。

有一年，黄纲直接找到颍川太守种拂，对种拂说："本县的高

【历史钩沉】

本历史事例出自《后汉书》卷八十一《独行列传第七十一》。

【历史人物】

刘翊：字子相，颍川颍阴人。为人重义守德，家中世代产业丰足，经常救济他人不图回报。刘翊帮了颍川太守种拂一个大忙，种拂要举荐他为孝廉，但他推辞了。后来发生战乱，出现了饥荒，刘

东汉 刻花环耳带盖陶奁

山被一些刁民占据，有可能要聚众闹事。太守大人，请把高山交给我管理，就可以防止乱民滋生事端。"

太守种拂明白黄纲是以此为借口，想要独占高山。本想拒绝，但又怕得罪程夫人；如果同意黄纲的无理要求，又怕老百姓不答应，引起事端。太守种拂一时不知如何是好，便对黄纲说："此事关系重大，请容我仔细调查一下，再做决定。"

种拂打发走了黄纲之后，终日忧愁，也没有想出好办法来，便决定答应黄纲的无理要求。

太守种拂的助手，名叫刘翊，听说太守要同意黄纲的无理要求，非常气愤，直接面见种拂。

刘翊开门见山地对太守种拂说："当官不为民做主，不如回家卖红薯。"

太守种拂愁眉苦脸地对刘翊说："我也是实在没办法了，才决定这样做。程家现在权势很大，程夫人又是一品夫人。如果不满足黄纲的要求，恐怕此事会导致程家怨恨我，我的官就做不成了。"

刘翊立刻接过话头："大人害怕程家，难道您就不怕得罪众人吗？"

· 国学百科

东汉 错银铜牛灯

翊竭力救济。汉献帝迁都西京后，刘翊被举荐为计掾，后来帝"诏书嘉其忠勤，特拜议郎，迁陈留太守"。为救人危难，刘翊散尽余财，他说："视没不救，非志士也。"后来他同那些人一起饥饿而死。（《后汉书》卷八十一《独行列传第七十一》）

种拂：字颖伯，东汉大臣，种暠之子。河南洛阳人。初为司隶从事，拜宛令。政有能名，累迁光禄大夫。初平元年，代荀爽为司空。第二年，以

太守种拂自知理屈，一时回答不上来。

刘翊又接着说："请大人好好想一想，如果答应了黄纲的无理要求，那些依靠山林生活的老百姓，他们的日子可又怎么过啊？您难道忍心让他们流离失所、背井离乡吗？"

太守着急地问："那您看我该怎么办才好呢？"

刘翊回答说："山川林泽，皇帝从不封给任何一个王子，就是为了让老百姓充分利用。您要答应黄纲的无理要求，就难逃助纣为虐的罪名啊。我看您应该以老百姓的利益为重，只要百姓拥护您，黄纲也不敢对您怎么样。"

太守种拂认为刘翊说得对，便派刘翊去拒绝黄纲的无理要求。

刘翊找到黄纲，对他说："太守大人已经派人调查了高山的猎

· 国学百科

地震策免，复为太常。李傕、郭汜之乱，长安城溃，百官多避兵冲。拂挥剑而出曰："为国大臣，不能止戈除暴，致使凶贼兵刃向宫，去欲何之！"遂战而死。（《后汉书》卷五十六《张王种陈列传第四十六》）

【历史典故】

据《后汉书》卷八十一《独行列传》记载，刘翊有一次在汝南旅行，陈国有位叫张季

东汉 出行画像砖拓片

户情况，认为他们都是皇帝的恭顺臣民，没发现有什么违法行为，因此不能剥夺他们打猎的权利。"

黄纲很恼火，恶狠狠地对刘翊说："难道你不怕程夫人怪罪下来吗？"

刘翊从容地答道："皇帝爱护每一个臣民，我们是为皇帝办事的。"

黄纲气急败坏地说："如果我强行占据高山，你又能把我怎么样？"

刘翊义正词严地对黄纲说："你如果强占高山，就违反了皇帝的命令。王子犯法，与民同罪，任何人违背国家法令，官府都要治罪的。"

黄纲没有想到刘翊这么强硬，根本不怕他的威逼。最后只好打消了强占大山的念头。

仁政，也意味着对邪恶的抨击和制裁。刘翊不畏权贵，主持正义，执法如山，为百姓着想，这才是老百姓拥护和爱戴的仁官。

· 国学百科

礼的人要到远方赶赴丧礼，不料遇上寒冰，车子坏了，所以停滞在道路上。刘翊见到后，立即下车，将自己的车子给了张季礼，而且没有说自己的名字，骑上马便走了。张季礼猜想他可能就是传闻中重德守义的刘翊。事后他专程来到颍阴，想要将车子还给刘翊，可刘翊知道后关上门，让人说自己出去了，不同张季礼相见。

《国学百家讲坛》儒学分卷